ve

学生用书

Reflets

走遍法国

（法）Guy Capelle / Noëlle Gidon 著
吴云凤 胡瑜 编译

1/下

外语教学与研究出版社
北京

京权图字：01－2005－5786

图书在版编目(CIP)数据

走遍法国 = Reflets：学生用书. 1. 下／(法)卡佩勒(Capelle, G.), (法)吉东(Gidon, N.)著；吴云风，胡瑜编译 .— 北京：外语教学与研究出版社，2006.7（2007. 8 重印）
(走遍法国 = Reflets)
ISBN 978－7－5600－5866－5

Ⅰ. 走… Ⅱ. ①卡… ②吉… ③吴… ④胡… Ⅲ. 法语—教材 Ⅳ. H32

中国版本图书馆 CIP 数据核字（2006）第 086853 号

出 版 人：于春迟
责任编辑：李 莉
封面设计：高 鹏
版式设计：牛茜茜
出版发行：外语教学与研究出版社
社　　址：北京市西三环北路 19 号（100089）
网　　址：http://www.fltrp.com
印　　刷：北京画中画印刷有限公司
开　　本：889×1194 1/16
印　　张：10.25
版　　次：2006 年 8 月第 1 版 2008 年 1 月第 4 次印刷
书　　号：ISBN 978－7－5600－5866－5
定　　价：39.90 元（附赠 MP3 光盘 1 张）

* * *

出版说明

《走遍法国》（*Reflets*）系我社从法国阿歇特图书出版集团（Hachette Livre）引进的一套以视听内容为基础的法语教材。原版教材承载科学的积极教学法，内容生动，结构安排合理，融语言和文化于一体，已博得了国内法语界广大师生的厚爱，享有较高的知名度。为了使更多的学习者受益，我社将陆续分册出版该套教材。它的出版将在引进版法语教材和以视听内容为基础的法语教材两个方面填补国内法语教材市场上的空白。

随着中国人对法国和法语国家关注度日益提高，通过各种途径学习法语的人也越来越多，其中包括大量的自学者。为了使这套教材适应不同类型的法语学习者的需求，我们特请北京第二外国语大学的吴云凤和胡瑜老师对《走遍法国》的第一册进行了改编。对学生用书的改编主要有：翻译题目，增加语音讲解、课文注释和词汇表，编译语法和交际讲解等。配套用书等也有相应的改动。

《走遍法国》（1下）包括学生用书、教师用书和练习册各一本，学生用书含MP3光盘一张，教师用书含DVD光盘一张。

外语教学与研究出版社
综合语种事业部 法语工作室
2006年6月

前 言

《走遍法国》系外语教学与研究出版社从法国阿歇特图书出版集团引进的一套法语教材。该套教材以视听内容为基础，语法结构安排合理，融语言和文化于一体，以积极互动的教学法有效培养学生的听说能力。原书共有三个水平等级分册。根据中国人学习外语的特点，我们把原书的第一册分成上下两册，并分别对两部分进行了改编，使之更适合于法语初学者。

改编后的学生用书（1下）包括课文（第13–26课）和附录两大部分。与学生用书的上册相同，课文部分仍以三个主人公工作和生活中的故事为主线展示当代法国人的日常生活。每两课又构成一个独立、完整的单元。

★ 每课主要分为情景学习、剧情理解、语法学习和语言交际四大板块。每个单元内的前一课课后有阅读及词汇扩展练习，后一课课后有文化点滴，介绍法国或法语国家的文化。

★ 每课的词汇表包括两部分单词：不带星号（*）的为对话中必须掌握的单词，带星号（*）的为旁白中的一部分单词。

★ 附录部分包括课后练习的录音材料、语法概要、动词变位表、总词汇表及MP3录音内容摘要。

情景学习板块主要通过观看录像，使学生熟悉剧情，并让学生对剧情作假设。

剧情理解板块分为观察剧情和人物对话与观察人物行为两个步骤。学生重看录像核实在情景学习时对剧情作的假设，通过将事件排序和辨认人物的言语行为，可以对剧情发展有更清楚的理解。观察人物行为一方面要求理解人物面部表情、手势、姿态等所表达的意思，另一方面要求理解人物言语的交际含义。

在语法学习板块，本套教材摆脱传统的“讲解—练习”的思路，而是先提出问题，通过相关练习来开发学习者的积极主动性，然后在方框中作讲解。

语言交际板块培养学生的口语表达能力。学生通过情景对话练习使用不同的表达方式，通过听录音训练获取关键信息的技巧，通过角色扮演训练各方面的语言交际能力。

除了以上四个主要板块的内容外，每单元还有辅助性内容：阅读板块主要培养学生的阅读技巧、发现问题和解决问题的技能，并设有写作小练习；词汇扩展板块不是必须学习的部分，学生可在教师的指导下根据兴趣自学；文化点滴板块的语言程度较难，只要求学生理解录像的大致内容，并进行简单的跨文化比较。另外，该部分的文章已译成中文，编入练习册，因此可不必占用太多的教学时间。

本册书每课的学习时间建议安排在10至12课时，全书共计140学时左右。

在本册改编过程中，我们更新了某些信息以正确反映法国社会现状。但原版教材对话部分出现的法国法郎，因在括号里标明了等值的欧元，且不便修改，故予以保留。

我们希望通过改编可以使语法讲解更清楚明了，并帮助学习者克服使用本册教材时因语言障碍造成的理解上的困难。改编引进版教材对我们来说是一次新鲜的尝试，这种改编是否合理、有效，还有待实践的印证，也欢迎使用者批评指正。

吴云凤 胡瑜

2006年6月

CARTE DE FRANCE

法国地图

审图号：GS（2006）583号

Liste des abréviations
略语表

adj. = adjectif	形容词
adj.indéf. = adjectif indéfini	泛指形容词
adv. = adverbe	副词
conj. = conjonction	连词
f. = féminin	阴性
ind. = indicatif	直陈式
inf. = infinitif	不定式动词
interj. = interjection	叹词
inv. = invariable	不变的
loc.adv. = locution adverbiale	副词短语
loc.conj. = locution conjontive	连词短语
loc.prép. = locution prépositive	介词短语
m. = masculin	阳性
n. = nom	名词
n.pr. = nom propre	专有名词
pl. = pluriel	复数
prép. = préposition	介词
pron.= pronom	代词
pron.indéf.= pronom indéfini	泛指代词
qch. = quelque chose	某物
qn. = quelqu'un	某人
v. = verbe	动词
v.i. = verbe intransitif	不及物动词
v.impers.= verbe impersonnel	无人称动词
v.pr. = verbe pronominal	代词式动词
v.t. = verbe transitif	及物动词
v.t.ind. = verbe transitif indirect	间接及物动词

Liste de termes grammaticaux
语法术语简表

adverbe de lieu	地点副词
article défini	定冠词
article indéfini	不定冠词
article partitif	部分冠词
comparatif	比较级
conjonction	连词
futur simple	简单将来时
imparfait	未完成过去时
indicatif	直陈式
infinitif	不定式
locution	短语
mode	语式
négation	否定式
passé composé	复合过去时
passé récent	最近过去时
préposition	介词
pronom démonstratif	指示代词
pronom indéfini	泛指代词
pronom interrogatif	疑问代词
pronom relatif	关系代词
proposition principale	主句
proposition subordonnée	从句
quantificateur	量词
subjonctif	虚拟式
superlatif	最高级

TABLE DES MATIÈRES

目录

DOSSIER 7

ÉPISODE 13

LE CLIENT EST ROI !
顾客就是上帝！

ÉPISODE 14

FAISONS LE MARCHÉ
去市场买菜

VOUS ALLEZ APPRENDRE À :
- offrir un choix de consommations
- commander un plat
- se plaindre
- faire des compliments
- se réconcilier avec quelqu'un
- demander le prix de quelque chose

VOUS ALLEZ UTILISER :
- des quantificateurs
- les articles partitifs
- le pronom *en* (*de* + nom)
- *combien de ?*
- des expressions pour indiquer la fréquence : *une fois par, tous les…*

本单元中，你将学会：
- 如何推荐食物
- 如何点菜
- 表达抱怨
- 夸奖饭菜
- 与人和解的表达方式
- 询问价格

你将使用：
- 量词
- 部分冠词
- 代词*en*（代替*de* + 名词）
- 疑问句型*combien de...?*
- 频率表达方式*une fois par, tous les...*

LE CLIENT EST ROI !
顾客就是上帝！

Découvrez les situations 情景学习

1. Interprétez les photos.

1) Décrivez les deux premières photos.
2) Où entrent les deux personnes de la 3e photo ?
3) Que se passe-t-il avec le cuisinier ?
4) Le patron du restaurant est-il content ?

2. Êtes-vous observateur ?

Visionnez l'épisode sans le son.

1) Le restaurant est situé dans :
   a une grande avenue ; b une petite rue.
2) Il y a : a des tables libres ; b pas de tables libres.
3) La salle est de style : a moderne ; b ancien.

3. Faites des hypothèses.

Dites pourquoi :

1) Pascal lit le journal pendant que Benoît et Julie sont à table ;
2) le client à la veste à carreaux appelle Pascal ;
3) le client en costume regarde le fromage apporté par Pascal ;
4) Pascal coupe du camembert dans la cuisine.
5) le patron, Pascal et le cuisinier parlent à la fin.

1

2

3

Benoît et Julie sont à table.
Pascal arrive avec une serviette pliée sur le bras, comme un serveur, avec plusieurs plats dans les mains. Il sert d'abord Julie, puis Benoît.

Pascal	Le poisson pour Madame… Et la viande pour Monsieur.
Benoît	À quoi tu joues ? Ah, j'ai compris ! C'est ça ton nouveau travail : serveur ?

Pascal continue son jeu.

Pascal	Du pain pour Madame ? Ah, non, Madame ne mange pas de pain. Monsieur prend de l'eau gazeuse ?
Benoît	(jouant) Un peu d'eau gazeuse, oui, s'il vous plaît.
Julie	Et pour moi, de l'eau plate.

Pascal arrête son jeu et s'assoit.

Pascal	C'est fatigant d'être serveur. Tu permets, je prends de la viande.
Julie	Il y a des légumes ?
Pascal	Ah ! non, il n'y a pas de légumes. J'ai oublié d'en faire.
Benoît	Ça commence bien !
Pascal	Eh, attention ! Je travaille comme serveur, pas comme cuisinier !
Julie	Alors, c'est fini, le centre culturel ?
Pascal	Pour le moment, oui. Mais si un nouveau poste d'animateur est créé, j'ai bon espoir de l'obtenir. J'aime vraiment ce métier et comme je m'entends bien avec toute l'équipe…

Julie et Benoît restent seuls à table.

Benoît — (reprenant le jeu) Garçon, je peux avoir du fromage ?

Pascal passe la tête par la porte.

Pascal — Je regrette, Monsieur, il n'y a pas de fromage. Le fromage n'est pas compris dans le menu.

Julie — Il y a du dessert, alors ?

Pascal — Non plus. Le dessert est en supplément.

Benoît — Et le pourboire[1], c'est compris dans le menu ?

Pascal s'approche d'eux.

Pascal — Pas besoin de pourboire. Mais il y a la vaisselle à faire, et moi, j'en ai assez fait.

Deux clients entrent dans le restaurant Le Sybarite[2]. Il y a du monde. Pascal passe entre les tables, les bras chargés de plats. Un client arrête Pascal au passage.

Un client — Garçon, ce n'est pas de la viande, ça !

Pascal — Mais si, c'est une entrecôte, Monsieur.

Le client — Vous appelez ça une entrecôte ! J'ai dit bleue[3] ! Bleue, vous comprenez ?

Pascal prend l'assiette avec la viande entamée du client.

Pascal — Ne vous inquiétez pas, je vais en chercher une autre.

Pascal pose l'assiette sur le comptoir et s'adresse au cuisinier.

Pascal — Refais une entrecôte pour la cinq, bleue cette fois.

Le cuisinier — Sois plus précis dans tes commandes. Tu écris bleu, à point ou très cuit, d'accord ?

Pascal — D'accord, mais tu en prépares une autre.

Le cuisinier regarde dans l'assiette.

Le cuisinier — Attends ! Tu rigoles. Il l'a à moitié mangée, son entrecôte !

Pascal — Tu connais la devise de Fernand : le client est roi.

Le cuisinier — Continue comme ça. Tu vas voir la tête de Fernand !

Pascal apporte un morceau de camembert[4] à un client sur une assiette.

Pascal — Voilà, Monsieur. C'est du camembert fermier.

Le client regarde le camembert. Pascal est à côté de lui et attend la réaction.

Le client — C'est peut-être du camembert fermier, mais c'est surtout du plâtre.

Pascal prend l'air étonné.

Pascal — Vraiment ?... Ne vous inquiétez pas, je vais en apporter un autre.

À la cuisine. Pascal pose l'assiette de fromage sur une table et prend un morceau d'un autre fromage.

Le cuisinier — Qu'est-ce que tu fais avec ce fromage ?

Pascal — C'est du plâtre. Le client est roi !

On voit quatre ou cinq assiettes à moitié consommées. Fernand, Pascal et le cuisinier s'expliquent...

Fernand — (à Pascal) Non, mais regardez-moi ça. Du poisson, de la viande, du fromage ! Quel gâchis ! Mais tu veux ma ruine, ma parole ![5]
(au cuisinier) Et toi, tu le laisses faire ! Tu changes les plats sans rien dire !

Le cuisinier — Ce n'est pas de ma faute[6] : Il n'arrête pas de dire : « Le client est roi ! Le client est roi ! »

Fernand — Le client est roi ! Le client est roi ! Et moi, qu'est-ce que je suis ? Un pigeon ? ou le roi des pigeons[7] ?

NOTES 课文注释

1 pourboire： 小费。在法国，咖啡馆或餐馆的消费价格中通常包含15%的服务费，因此在这些地方消费可以不必再额外支付小费。如果顾客对服务员的服务非常满意，也可以给些小费。在酒店里，通常是要付给帮您搬运行李的行李员一些小费的。乘坐出租汽车时，人们经常会把车费凑整，但这并不是必须的。

2 Le Sybarite餐厅位于巴黎第六区Sabot大街，那里有很多十五、十六世纪的建筑。餐厅里菜肴精美、丰富、新鲜。课文中煎过了的牛排和像石膏一样的奶酪只是为了制造滑稽的效果，教授抱怨等的表达方式。sybarite可以做形容词或名词，意为懂得享受生活乐趣的(人)。

3 牛排通常有四种煎制程度：bleu（极生的）、saignant（带血的、半生不熟的）、à point（刚刚好、适中的）和bien cuit（熟的）。

4 camembert： 卡芒贝尔干酪，为法国诺曼底地区的卡芒贝尔（Camembert）所生产。法国奶酪品种繁多，法国人酷爱奶酪，每顿饭后一般都会吃一些奶酪。

5 ma parole！意为“我保证！我发誓！”，表示很震惊。

6 Ce n’est pas de ma faute：这不是我的错。也可以说“ce n’est pas ma faute”。

7 le roi des...：最……的人，最佳者，如：le roi des imbéciles（最愚蠢的人）。阴性可用reine，如：la reine des idiotes（最傻的女人）。

VOCABULAIRE 词汇表

***(s’)adresser à**	*v.pr.*	对……讲话
alors	*adv.*	于是，那么
assez	*adv.*	足够地
***assiette**	*n.f.*	盘子
bleu, e	*adj.*	极生的，半生不熟的
***bras**	*n.m.*	胳膊
camembert	*n.m.*	卡芒贝尔干酪
changer	*v.t.*	更换
commande	*n.f.*	点菜单
commander	*v.t.*	点(菜、饮料)
comme	*prép.*	作为
	conj.	因为
compris, e	*adj.*	包括在内的
consommé, e	*adj.*	被消费的，被吃掉的
cuit, e	*adj.*	熟的
***d’abord**	*adv.*	首先
dessert	*n.m.*	餐后点心
devise	*n.f.*	座右铭，口号
eau	*n.f.*	水
***entamé, e**	*adj.*	被切好的
(s’)entendre	*v. pr.*	(+avec) 与……相处得好
entrecôte	*n.f.*	（牛）排骨肉
équipe	*n.f.*	团队，组
espoir	*n.m.*	希望
***étonné, e**	*adj.*	吃惊的
fatigant, e	*adj.*	累人的，令人疲劳的
faute	*n.f.*	错误
fermier, ère	*adj.*	农场的，农庄的（此处指用未消毒的新鲜牛奶制成的奶酪）
fromage	*n.m.*	奶酪
gâchis	*n.m.*	浪费
garçon	*n.m.*	服务生
gazeux, se	*adj.*	充气的，含气体的
(s’)inquiéter	*v.pr.*	担心
légume	*n.m.*	蔬菜
menu	*n.m.*	菜单；套餐
métier	*n.m.*	职业，工作
moitié	*n.f.*	半，一半
à moitié	*loc.adv.*	一半，部分地
***morceau**	*n.m.*	(*pl.* ～*x*) 一块
non plus	*loc.adv.*	也不
obtenir	*v.t.*	获得
***passage**	*n.m.*	经过，通过
au passage	*loc.adv.*	在经过时
pigeon	*n.m.*	鸽子；<俗> 受骗上当者
plat	*n.m.*	一道菜
plat, e	*adj.*	无气的[指饮料]
plâtre	*n.m.*	石膏
***plié, e**	*adj.*	折叠的
***plusieurs**	*adj.indéf.pl.*	好几个
point	*n.m.*	圆点；程度，阶段
à point	*loc.adv.*	（烧、煮得）正好，适中
poisson	*n.m.*	鱼
poste	*n.m.*	职位，工作岗位
pourboire	*n.m.*	小费
pour le moment	*loc.adv.*	目前
***puis**	*adv.*	然后
***réaction**	*n.f.*	反应
refaire	*v.t.*	重做
regretter	*v.t.*	为……感到抱歉
rigoler	*v.i.*	<俗> 开玩笑
roi	*n.m.*	国王，王
ruine	*n.f.*	破产
sans	*prép.*	没有，无
serveur, se	*n.*	服务员
***serviette**	*n.f.*	餐巾
***servir**	*v.t.*	为……服务
supplément	*n.m.*	额外部分
***table**	*n.f.*	桌子；餐桌
être à table		正在吃饭，入席就餐
tout le temps	*loc.adv.*	一直
vaisselle	*n.f.*	清洗餐具
viande	*n.f.*	肉

Observez l'action et les répliques
观察剧情和人物对话

1. Quelle est la bonne explication ?

Visionnez l'épisode avec le son et choisissez la bonne réponse.

1) On ne donne pas de dessert automatiquement parce que :
   a le client n'en veut pas ;
   b ce n'est pas compris dans le menu.
2) La devise du patron, « Le client est roi », veut dire :
   a qu'il faut satisfaire tous les désirs des clients ;
   b qu'il faut faire payer le client très cher parce qu'il est riche.
3) On change le fromage au restaurant quand :
   a le client veut un dessert ;
   b le fromage a l'air d'être du plâtre.
4) Pascal change l'entrecôte du client parce que :
   a elle est bleue ;
   b elle est trop cuite.

2. Qu'est-ce qu'ils ont répondu ?

Retrouvez la réplique qui suit les répliques ci-dessous.

1) Il y a des légumes ?
2) Garçon, je peux avoir du fromage ?
3) D'accord, mais tu en prépares une autre.
4) C'est du camembert fermier.

3. Quels actes de parole ces phrases peuvent-elles remplacer ?

Trouvez dans les dialogues une réplique de sens équivalent.

1) Ah, tu vas servir dans un restaurant bientôt !
2) Mais oui, on va la changer.
3) Dis, je ne vais pas changer une entrecôte entamée !
4) Tu vas voir. Fernand va se mettre en colère !

Observez les comportements
观察人物行为

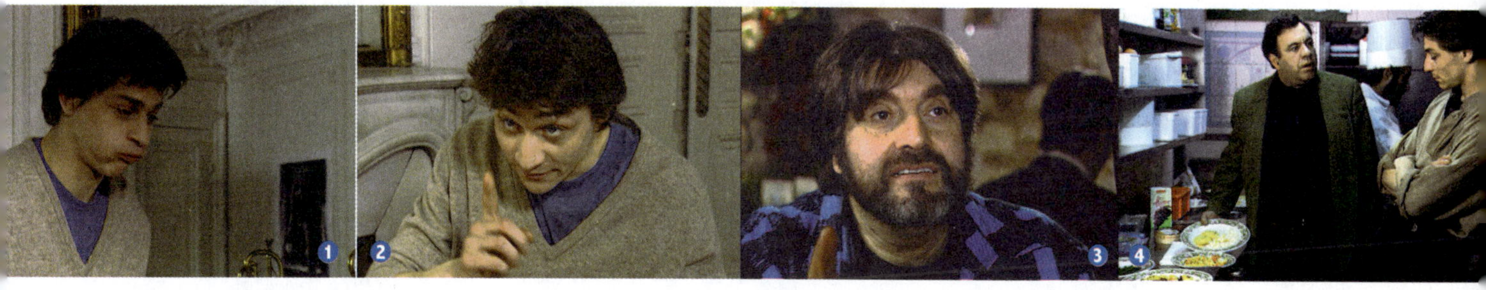

4. Quelle tête ils font ?

1) Pascal souffle et remue la tête. Ça veut dire :
   a J'en ai assez de ce métier.
   b Ça suffit pour aujourd'hui.
2) Pascal a le doigt levé et regarde son interlocuteur bien en face. Par ce geste, il veut :
   a menacer son interlocuteur ;
   b souligner l'importance de ce qu'il dit.
3) Le client à la veste à carreaux a le doigt levé et tourne la tête pour suivre les mouvements de Pascal. Il veut :
   a attirer l'attention du garçon ;
   b se moquer du garçon.
4) Fernand secoue la tête et fait un geste du bras. Il exprime :
   a son irritation ; b sa satisfaction.

5. Comment est-ce qu'ils le disent ?

Trouvez dans les dialogues la façon :

1) de commander un plat au restaurant ;
2) d'exprimer des regrets et d'en donner la raison ;
3) de refuser un plat et de dire pourquoi ;
4) de calmer l'irritation d'un client ;
5) d'exprimer sa colère contre quelqu'un.

DÉCOUVREZ LA GRAMMAIRE
语法学习

1. Il manque les articles.

Complétez la conversation entre le serveur et le client avec des articles. 下面是一段服务员与顾客的对话，请用冠词填空。

- Aujourd'hui, nous avons … poisson comme plat du jour.
- Je n'aime pas beaucoup … poisson. Vous avez … viande ?
- Bien sûr. Nous avons … entrecôte et … poulet.
- Je vais prendre … entrecôte.
- Vous prendrez … fromage ?
- Je ne prendrai pas … fromage, mais je prendrai … dessert.
- Très bien, je vous apporte … pain tout de suite.
- Inutile, je ne mange pas … pain.
- Et comme boisson, vous voulez … eau, … vin ?
- Apportez-moi … eau, je ne bois pas … vin.

动词boire

Je **bois** de l'eau.	Nous **buv**ons du cidre.
Tu bois du thé.	Vous buvez du Coca-Cola.
Il/elle boit du café.	Ils/elles **boiv**ent du jus de fruits.

! 动词boire的现在时变位有几种词根变化？在哪些人称后有这些变化？

动词manger

je **mange**	nous **mange**ons
tu manges	vous mangez
il/elle mange	ils/elle mangent

! 注意mangeons的写法，字母e可使字母g保持[ʒ]的发音。

2. Qu'est-ce que vous mangez ? Qu'est-ce que vous buvez ?

Répondez aux questions. Utilisez le pronom ***en*** dans la réponse.

Exemple : – Vous achetez des croissants ?
☞ – **Oui, j'en achète./Non, je n'en achète pas.**

1) Vous mangez de la viande ? du poisson ? des œufs ?
2) Vous mangez des pâtes ? des légumes ?
3) Vous buvez du cidre ? de l'eau minérale ? du vin ? du café ?
4) Vous mettez du lait, du sucre dans votre café ? dans votre thé ?
5) Vous prenez du fromage et du dessert avec votre déjeuner ?

3. Vous n'aimez pas ça !

Jouez avec votre voisin(e). Variez la forme de la question. Utilisez : **vous prenez – je vous sers – vous voulez.**

Exemple : – **Tenez, voilà de la viande.**
– **Non merci, je n'aime pas la viande.**

定冠词、不定冠词与部分冠词(les articles définis, indéfinis et partitifs)

- 定冠词 le, la, les
  一类人或事物的总称，如：J'aime **le** poisson.
  出现过的或在文中明确指出的人或事物，如：
  Apporte **le** poisson au client.（已经点了的那条鱼）
  C'est **le** restaurant de Fernand.

- 不定冠词 un，une
  表示同类中人或事物的一个（可以计量的），如：
  C'est **un** acteur.
  C'est **un** poisson.

- 部分冠词 du, de la, de l', des
  指事物的一部分（无法计量的），如：
  Donnez-moi **du** poisson et **de l'**eau.

! 零数量用"ne... pas de + 名词"表达，如：
– Tu veux du vin ?
– Non merci, je **ne** bois **pas de** vin.

4. Ils en prennent ou ils n'en prennent pas ?

Écoutez le dialogue et dites ce qu'il va rapporter ou ne pas rapporter. 听对话录音，说出他要拿回什么，不拿什么。

代词 en

- 代词en代替"部分冠词+名词"：
  – Vous buvez **du jus d'orange** ?
  – Oui, j'**en** bois.
- 如果事物的量是确定的，代词en只代替"de+名词"，数量短语保留：
  Achète un kilo **de pommes de terre**.
  → Achètes-**en** un kilo.

! 在肯定命令式中，动词与代词en之间用连字符"-"连接。以-er结尾的动词，其第二人称的肯定命令式因发音需要须在词尾加字母s，与后面en联诵读[z]：
Manges-en.
Ajoutes-en.

5. Combien de fois ? 多少次？

Variez chaque fois la forme des réponses mais utilisez les verbes ***manger*** ou ***prendre*** et une expression de fréquence. 回答问题，使用动词manger或prendre和一个表达频率的短语。注意每次使用不同的频率表达法。

Exemple : – Il aime le poisson ?
☞ **– Oui, il en mange trois fois par semaine.**

1) Vous aimez les légumes ?
2) La viande, ça vous plaît ?
3) Le fromage, ça vous fait plaisir ?
4) Tu aimes les gâteaux ?
5) Vous aimez la salade ?
6) Tu achètes des fruits ?

6. Tous les combien ? 多久一次？

Jouez avec votre voisin(e). Chacun(e) pose une question à son tour sur ses habitudes de vie : faire les courses, inviter des amis... 与同桌表演对话。互相询问对方的生活习惯，如多久购一次物、邀请一次朋友等。

Exemple : **– Tu téléphones souvent à tes parents ?**
– Je les appelle une fois par semaine.

频率的表达方式

对频率进行提问：**Combien de fois** ?
表达频率：une **fois par** semaine, trois **fois par** mois, un jour **sur** deux...
tous les jours, **toutes les** semaines, **tous les** ans...
chaque jour, **chaque** semaine, **chaque** année...

7. Un drôle de serveur ! 滑稽的服务员！

Écoutez les réponses faites aux clients par un mauvais serveur. 听一个差服务员对顾客的各种回答：

1) Trouvez les questions des clients. 找出顾客的问题。
2) Faites une réponse de bon serveur. 想象一个好服务员应该怎么回答。

Exemple : Je ne vous le conseille pas, Monsieur, il n'est pas frais.
– Vous avez du poisson ?
– Bien sûr, Monsieur.

SONS ET LETTRES • voyelles nasales et accents d'insistance
音与字母 • 鼻化元音与强调重音

[ʒ] 与 [g]

[ʒ]：字母j：**j**eudi, **j**amais, **j**our
字母g在字母i或e前：man**g**eons, pi**g**eon, froma**g**e, tra**g**ique
[g]：字母g在字母a，o或u前：**g**âteau, lé**g**umes, **g**âchis, gi**g**ot

1. Quelle est la voyelle nasale ? 哪个是鼻化元音?

Écoutez et dites si la voyelle nasale est en première, deuxième ou troisième position.
听录音，说出鼻化元音是第一个、第二个还是第三个。

2. Où sont les accents d'insistance ? 强调重音在哪儿?

Écoutez et dites où se situent les accents d'insistance. Puis répétez la phrase.
听录音，说出强调重音的位置。然后跟读。

COMMUNIQUEZ
语言交际

1 Visionnez les *Variations*.

Jouez avec votre voisin(e).

1) L'un de vous joue le rôle d'un serveur ou d'une serveuse, l'autre le rôle de client(e). Vous commandez des plats. Il n'en reste plus ! Le serveur ou la serveuse présente ses excuses et propose autre chose.
一人饰服务员，另一个人饰顾客。顾客点菜，但已售完，服务员表示抱歉并推荐别的菜肴。

2) Vous êtes invité(e) à dîner chez des amis. Vous faites des compliments à la maîtresse de maison.
你被邀请去朋友家吃晚饭。夸奖一下女主人的厨艺。

推介饮料

1) – Monsieur prend de l'eau gazeuse ?
– Un peu d'eau gazeuse, oui, s'il vous plaît.
2) – Qu'est-ce que vous voulez boire ?
– Apportez-moi une bouteille d'eau, s'il vous plaît.
3) – Et comme boisson, qu'est-ce que vous prenez ?
– Une bouteille de cidre, s'il vous plaît.
4) – Vous avez choisi votre boisson ?
– Oui, de l'eau, s'il vous plaît.

点菜

● – Garçon, vous avez du fromage ?
1) – Je suis désolé, il ne reste plus de fromage, Monsieur.
2) – Mais oui, Monsieur, tout de suite.
● – Qu'est-ce que vous avez comme fromage ?
3) – Hélas, Monsieur, nous n'avons plus de fromage.
4) – Je vous apporte la carte, Monsieur.
● – Je peux avoir la carte des fromages, s'il vous plaît ?
5) – Nous n'avons plus que des desserts, Monsieur.
6) – Mais oui, je vous la donne immédiatement.

在餐馆里抱怨/夸奖饭菜

1) Ce n'est pas de la viande ça ! Vous appelez ça une entrecôte !
2) Cette viande n'est pas mangeable !
3) Hum... elle est excellente, cette viande !
4) Ces légumes n'ont aucun goût !
5) Ils sont très bons, ces légumes.

2 Qu'est-ce qu'ils ont choisi ? 他们选择了什么?

Écoutez les deux dialogues et dites : 听对话录音，说出：

1) quels sont les deux plats du jour et leurs garnitures ; 当天的两道主菜是什么，配菜是什么；
2) ce que la femme a choisi ; 对话中的女士选了什么；
3) ce que l'homme va manger. 对话中的男士要吃什么。

3 Attention aux calories ! 小心卡路里！

Un(e) ami(e) veut perdre quelques kilos. Il/elle sait que vous vous intéressez à la diététique et vous demande des conseils. Vous l'interrogez d'abord sur ses habitudes alimentaires. Puis, en fonction de ses réponses et du tableau ci-dessous, vous l'aidez à modifier sa façon de manger. Jouez à deux.

你的一个朋友想减肥。他（她）知道你对营养学很感兴趣，所以向你请教。你先询问他（她）的饮食习惯，然后根据他（她）的回答和下面的表格，帮助他（她）改变他（她）的饮食方式。与同桌一起表演。

Le nombre de calories est indiqué pour 100 grammes de chacun des aliments.

Céréales et légumes secs		Viandes, poisson et œufs	
pain	250	poisson maigre	90
pâtes	125	poisson gras	180
riz	120	bœuf	180
haricots secs	200	agneau	260
sucre	400	poulet	150
gâteau	300	œufs	60
chocolat	500		
Légumes frais et fruits		**Lait et fromage**	
pommes de terre	120	lait écrémé	50
haricots verts	50	beurre	750
chou	50	fromage	350
carottes	40	crème fraîche	400
tomates	20	glace	400
poireaux	30	yaourt	60
pommes	50		
poires	60	**Boissons**	
oranges	50	cidre	30
bananes	90	jus d'orange	25
raisin	80	Coca-Cola	50

L'organisation chronologique 按时间顺序组织文章

Une recette du Midi : la bouillabaisse

Ingrédients pour 6 personnes
1 kilo et demi de poisson
6 cuillerées d'huile d'olive
1 gros oignon
6 tomates
6 pommes de terre
12 petites tranches de pain
du fenouil, du persil, du laurier, de l'ail, du safran
du sel, du poivre

Choisissez des filets de poisson à chair ferme. Dans une grande casserole, versez une cuillerée d'huile d'olive par personne. Faites revenir l'oignon à feu doux. Ajoutez les tomates coupées en morceaux, un peu d'ail et le bouquet garni composé de fenouil, de persil et de laurier. Salez et poivrez. Ajoutez un peu de safran. Déposez les pommes de terre découpées en fines tranches. Déposez les filets de poisson. Laissez mijoter* pendant quelques minutes et arrosez ensuite avec 12 verres d'eau bouillante (2 par personne). Portez à ébullition et laissez cuire. Retirez la casserole du feu. Mettez le poisson et la moitié des pommes de terre dans un plat creux. Écrasez le reste des pommes de terre dans le bouillon et versez le bouillon sur les tranches de pain disposées dans des assiettes creuses.

* Mijoter : cuire à feu doux.

1. Organisez une recette. 写一个菜谱。

1) Quand est-ce qu'on lit une recette ?
2) Pendant la réalisation, on la lit :
   a une seule fois en entier ;
   b à chaque étape.
3) Est-ce qu'on peut changer l'ordre des opérations d'une recette ?

2. Réfléchissez à la manière de lire. 想想你阅读的方式。

1) Comment lisez-vous :
   a un horaire de train ?
   b un roman ?
   c une publicité ?
   d un manuel de français ?
2) Pour chaque document, vous lisez tout le texte ? Vous le lisez une fois ou plusieurs fois ?
3) Quand le lisez-vous ?
4) Combien y a-t-il de manières de lire ? À quoi s'adapte la lecture ?

3. En séquence. 按时间顺序组织。

1) Quels textes sont, en général, organisés chronologiquement ?
   a Un curriculum vitæ (CV).
   b Un mode d'emploi.
   c Une description de paysage.
   d Un rapport financier.
   e Un récit d'événements.
2) Quels mots permettent d'organiser un texte chronologiquement ?
   a d'abord
   b enfin
   c parce que
   d ensuite
   e donc
   f avant
   g puis
   h une fois
   i après
   j combien
   k premièrement
   l comment

4. Une bonne recette ! 一份好菜谱。

Votre correspondant(e) français(e) vous a demandé de lui donner la recette d'un plat typique de chez vous. Envoyez-lui la recette. N'oubliez pas de faire la liste des ingrédients. 你的法国笔友向你询问怎么做你家乡的特色菜。把菜谱寄给他（她），不要忘了列一份原料清单。

DES MOTS POUR LE DIRE 13

丰富你的词汇

À table ! 开饭了！

1. Comment met-on la table pour une fête ? 怎样布置节日餐桌？

1) Observez cette table préparée pour un repas de fête et répondez aux questions. 观察下面为一个节日宴会准备的餐桌，并回答问题。

a Qu'est-ce que vous remarquez ?

b La pointe des fourchettes est-elle en haut ou contre la table ?

c Où se trouvent les verres ? Combien y en a-t-il ?

2) Quelles sont les ressemblances et les différences avec une table de fête dans votre pays ? 与你们国家的节日餐桌有什么相同之处和不同之处？

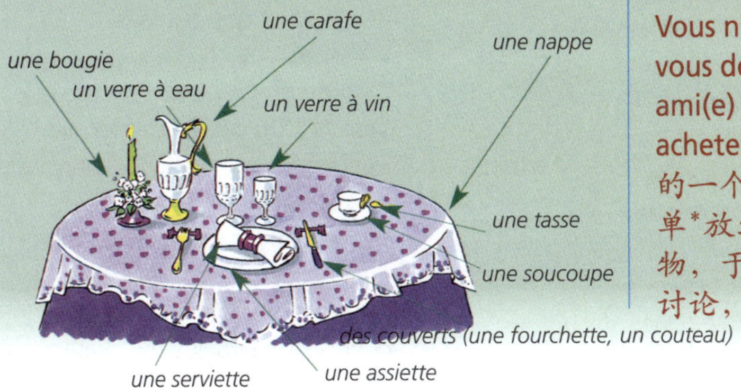

2. Devinez. 猜一猜。

1) On y met de l'eau. On la met sur la table. C'est une...
2) On mange la viande avec une...
3) On boit du café dans une...
4) On mange ses aliments dans une...
5) On boit dans un...
6) On fait cuire des aliments sur une...
7) On range la vaisselle dans les...
8) On conserve les aliments dans un...

3. Quels cadeaux choisir ? 选择什么礼物？

Un(e) de vos ami(e)s se marie. Il/elle a déposé une liste de mariage dans un grand magasin. Vous n'avez pas encore acheté le cadeau que vous devez faire. Vous discutez avec un(e) ami(e) invité(e) pour savoir ce que vous allez acheter, soit ensemble, soit séparément. 你的一个朋友结婚，他（她）把结婚礼品清单*放到一家百货商店了。你还没有买礼物，于是和一个也被邀请参加婚礼的朋友讨论，看你们是一起买礼物还是分别买。

* 法国人在结婚时，客人除了可以直接送礼金外，还可以到新人指定的商店去购买礼物。新人会把所需物品列一个清单，放到某家商店，客人可到这些商店按清单上所列的商品来购买礼物。

FAISONS LE MARCHÉ
去市场买菜

Découvrez les situations 情景学习

1. Interprétez les photos.

Répondez aux questions.

1) Que font Fernand et Pascal ?
2) Quels marchands est-ce qu'on voit sur les photos ?
   a Un boucher.
   b Une marchande de fruits et légumes.
   c Un marchand de beurre et fromage.
3) Où repart Fernand avec ses deux sacs pleins ?
4) Est-ce que Pascal a fait beaucoup d'achats ?

2. Faites des hypothèses.

Visionnez sans le son.

1) Fernand et Pascal sont au marché. Quel est le moment de la journée ?
2) Fernand va partir. Qu'est-ce que Pascal lui demande ?
3) À la fin, pourquoi Fernand et Pascal ont-ils l'air content ?

3. Regardez les images.

Dites si vous avez vu les aliments suivants.

du camembert

du beurre

des pommes de terre

des pommes

des oranges

des œufs

des tomates

des haricots verts

des bananes

Fernand et Pascal font le marché[1].

Fernand — Tu n'es pas fâché pour hier ?

Pascal — Non, je ne suis pas fâché. Et j'ai compris la leçon : le client n'est pas roi !

Fernand — Oui, enfin, n'exagère pas trop quand même. Pas trop fatigué ?

Pascal — Un peu. Je n'ai pas l'habitude de me lever à 6 heures du matin pour faire le marché.

Fernand — Eh ! restaurateur, ce n'est pas un métier facile. Bon, je mets ça dans la camionnette et je file au restaurant. Toi, tu continues.

Pascal — On a déjà le poisson. Je prends un peu de fromage, de la viande, des fruits et des légumes ?

Fernand — C'est ça.

Pascal — Comme fromage, qu'est-ce que je prends ? Du camembert fermier ?

Fernand — Petit malin… Tu prends du gruyère, du chèvre, et… du camembert fermier ! Tu prends aussi du beurre, des œufs et de la crème. Allez, à plus tard, et n'oublie pas ma devise : « La qualité oui, mais au

ÉPISODE 14

4

5

6

meilleur prix ! »

Pascal — Tes devises, hein…

Fernand part avec deux grands sacs à provisions.

Pascal continue et s'arrête chez le boucher.

Le boucher — Salut Pascal, tu remplaces le patron, ce matin ?

Pascal — Eh oui, je monte en grade… Ton plat de côtes, il est bien ?

Le boucher — Extra ! Tu fais un pot-au-feu super avec ça. Tu en prends combien ?

Pascal — Je vais en prendre 10 kilos. Tu as du veau ?

Le boucher — J'en ai toujours. Une petite blanquette ?

Pascal — Oui, entre 4 et 5 kilos. Et puis je vais prendre des biftecks.

Le boucher — Oui, tu en veux combien ?

Pascal — Combien il en prend d'habitude, Fernand ?

Le boucher — Il en prend une trentaine. Et ils sont en promotion, aujourd'hui !

Pascal est chez la marchande de fruits et légumes.

La fruitière — Vous êtes bien matinal aujourd'hui, Monsieur Pascal.

Pascal — Eh oui, aujourd'hui je fais les courses pour Fernand, le restaurateur.

La fruitière — Ah, vous travaillez pour Fernand. C'est bien ça, vous êtes courageux… Qu'est-ce que vous prenez aujourd'hui ?

Pascal — Les pommes là, elles ont l'air bien. Il n'y a pas d'étiquette. Combien elles coûtent ?

La fruitière — Elles ne sont pas chères, cette semaine. 5 francs (0, 80 euro environ) le kilo. Vous en voulez combien ?

Pascal — Dix kilos. Je vais aussi prendre des pommes de terre.

La fruitière — Combien j'en mets ?

Pascal — Une vingtaine de kilos. Et vos haricots, ils sont à quel prix ?

La fruitière — 30 francs (5 euros environ) le kilo. Production française ! Ils sont beaux.

Pascal — Ils sont beaux, mais chers. Enfin, je vais en prendre un peu.

La fruitière — Allez, je vais vous faire un bon prix.

Pascal — C'est gentil.

Pascal a fini ses courses. Il pousse un chariot chargé de cageots.

Pascal et Fernand font les comptes.

Fernand — Alors ça, bravo ! Tu sais acheter !

Pascal est tout heureux.

Fernand — J'ai une idée. À partir d'aujourd'hui, moi, je sers au restaurant et, toi, tu fais le marché.

Pascal — Le marché ? À six heures du matin ? Tous les jours ?

Fernand — Non, pas tous les jours. Il n'y en a pas le lundi !

NOTES 课文注释

1 在法国，无论是城市还是农村，传统的菜市场都是法国人生活的重要组成部分。他们钟爱这些露天或封闭的市场，只要时间允许，他们就喜欢去那儿采购食物。在巴黎，几乎每个街区都有菜市场。不过与中国不同的是，大部分市场每周只有两三个早上营业，只有一小部分市场除了周一每天全天开放（Rungis农贸批发市场周一不营业）。

本集影片的全部镜头都取自巴黎最迷人的穆夫塔尔（Mouffetard）市场。这个市场以它新鲜的水果蔬菜和浓重的巴黎生活文化色彩吸引着人们。它地处巴黎第五区，更确切地说是拉丁区心脏地带。慕名而来的各国游客、排队购买三明治的大学生与当地居民和平共处，为这个地方平添无限魅力和乐趣。

VOCABULAIRE 词汇表

à partir de	*loc.prép.*	从……（时间）开始
beurre	*n.m.*	黄油
bifteck	*n.m.*	牛排
blanquette	*n.f.*	白汁块肉
boucher, ère	*n.*	肉店老板
camionnette	*n.f.*	小卡车
carotte	*n.f.*	胡萝卜
chèvre	*n.f.*	山羊
	n.m.	山羊奶酪
côte	*n.f.*	肋排
courageux, se	*adj.*	有勇气的
coûter	*v.i.*	值（多少钱）
crème	*n.f.*	奶油
douzaine	*n.f.*	一打，十二个左右
en tout	*loc.adv.*	总共
étiquette	*n.f.*	标签
extra	*adj.*	超乎寻常的
farine	*n.f.*	面粉
fatigué, e	*adj.*	疲倦的
filer	*v.i.*	<俗> 溜走，逃走
fruit	*n.m.*	水果
grade	*n.m.*	等级，级别
gruyère	*n.f.*	格律耶尔干酪
habitude	*n.f.*	习惯
d'habitude	*loc.adv.*	通常，平常
haricot	*n.m.*	扁豆，菜豆，四季豆
kilo	*n.m.*	公斤（kilogramme的缩写）
leçon	*n.f.*	教训
malin, gne	*n.*	机灵鬼
***marchand, e**	*n.*	商人
marché	*n.m.*	（菜）市场
faire le marché		到菜市场买东西
matinal, e	*adj.*	（*pl.* matinaux）早晨的；早起的
meilleur, e	*adj.*	更好的（bon的比较级）
monter	*v.i.*	升高，晋升
monter en grade		晋级，升级
œuf	*n.m.*	鸡蛋
oignon	*n.m.*	洋葱
plat de côtes	*n.m.*	牛肋排
poivre	*n.m.*	胡椒
pomme	*n.f.*	苹果
pomme de terre	*n.f.*	土豆
pot-au-feu	*n.m.inv.*	蔬菜牛肉浓汤
poulet	*n.m.*	雏鸡；鸡肉
prix	*n.m.*	价格
production	*n.f.*	生产；产品；产物
promotion	*n.f.*	促销
en promotion	*loc.adj.*	减价，促销
provisions	*n.f.pl.*	采购的食品或生活必需品
quand même	*loc.adv.*	毕竟[表示强调、愤慨]
restaurateur, trice	*n.*	餐馆老板
sel	*n.m.*	盐
servir	*v.t.*	为（顾客）服务
trentaine	*n.f.*	三十个左右
un peu	*loc.adv.*	一点
veau	*n.m.*	（*pl.* ~x）小牛肉
vingtaine	*n.f.*	二十个左右

ORGANISEZ VOTRE COMPRÉHENSION 14

剧情理解

Observez l'action et les répliques
观察剧情和人物对话

1. Que s'est-il passé ?

Visionnez l'épisode avec le son.
Dans la liste ci-dessous, certains événements n'appartiennent pas à l'épisode.
1) Éliminez-les.
2) Mettez les autres en ordre.

a Pascal fait des commandes à la boucherie.
b Pascal discute avec une marchande de légumes.
c Fernand félicite Pascal pour ses achats et lui dit qu'il va faire le marché tous les jours.
d Pascal revient en voiture au restaurant avec tous ses achats.
e Fernand et Pascal font des courses au marché.
f Fernand repart à son restaurant et laisse Pascal continuer tout seul.
g Fernand revient au marché pour aider Pascal.
h Pascal demande à Fernand ce qu'il doit acheter.

2. Terminez les répliques.

1) Pascal : Et j'ai compris la leçon…
2) Fernand : Allez, à plus tard, et n'oublie pas ma devise…
3) La fruitière : Ah, vous travaillez pour Fernand. C'est…
4) Pascal : Il n'y a pas d'étiquette…

3. Vrai ou faux ?

Dites si l'affirmation est vraie. Sinon, rétablissez la vérité.
1) Pascal aime se lever à 6 heures du matin.
2) Pascal achète du veau pour faire un pot au feu.
3) Pascal n'achète pas de biftecks parce qu'ils sont en promotion.
4) Le marché a lieu tous les jours.

Observez les comportements
观察人物行为

4. Avez-vous remarqué ?

1) Dites ce que les personnages expriment.

① La mimique du boucher exprime :
a L'amitié et la connivence.
b L'inquiétude.

② La mimique et le geste de Pascal veulent dire :
a Non, tu peux les garder.
b Bon, si c'est en promotion, j'en prends.

③ L'attitude de la fruitière veut dire :
a Vous m'êtes sympathique.
b Si vous n'en voulez pas, laissez-les.

④ Le geste de Fernand signifie :
a Tu as le choix.
b Je l'ai décidé.

2) Caractérisez les personnages avec les expressions suivantes : ***hocher la tête – fermer les yeux – ouvrir les bras – lever la main – hausser les sourcils – faire un clin d'œil – sourire – montrer du doigt.***

5. Qu'est-ce qu'on dit ?

Trouvez dans le dialogue plusieurs manières de :
1) demander le prix ; 2) indiquer le prix ; 3) demander au client ce qu'il veut.

DÉCOUVREZ LA GRAMMAIRE

语法学习

1. Allez faire les courses.

Écoutez le dialogue et faites la liste des courses.

2. Quelle quantité en voulez-vous ?

Vous voulez préparer un dîner pour quatre personnes et vous voulez cuisiner les plats ci-dessous. Vous faites vos courses et vous répondez aux questions des commerçants. 你想按照下面的菜谱准备一顿四人晚餐。现在你在采购原料，你该怎样回答商家的问题呢？（提示：代词en能帮你的大忙！）

Soufflé au fromage

◆ **Ingrédients (4 pers.) :**
100 g de beurre,
100 g de farine,
1/2 litre de lait,
125 g de gruyère,
5 œufs, sel, poivre.

◆ Faire une sauce béchamel très épaisse, ajouter le gruyère râpé.
Mettre ensuite les jaunes d'œufs, les blancs battus, vérifier l'assaisonnement et faire cuire à four moyen, puis chaud, dans un plat beurré.

Poulet sauté

◆ **Ingrédients (4 pers.) :**
1 poulet, 50 g de farine,
50 g de beurre,
100 g d'oignons,
150 g de champignons,
2 dl*de bouillon, 3 carottes,
sel, poivre.

*dl: décilitre (分升) 的缩写。

Exemple : – Vous prenez du lait ?
☞ **– Oui, je vais en prendre un litre.**

1) Combien de gruyère est-ce que je vous mets ?
2) Des champignons, vous en voulez combien ?
3) Je vous donne des carottes ? Combien ?
4) Il vous faut du beurre aujourd'hui ?
5) Vous n'avez pas besoin d'œufs ?
6) Et de la farine, vous en avez ?
7) Il vous faut beaucoup d'oignons ?
8) Le poulet, vous le voulez gros, petit, moyen ?

3. Quelle quantité ?

Vous téléphonez à un(e) ami(e) pour lui donner la recette du soufflé. Les quantités que vous lui donnez ne sont pas assez précises. Il/elle vous demande d'être plus précis(e) et vous lui donnez les quantités exactes. 你打电话告诉一个朋友蓬松蛋糕的制作方法。可是你给他（她）的每一种原料的数量都不够精确。他（她）需要你说得更详细一点。现在，你来告诉他（她）确切的数量。

Exemple : **– Tu veux faire un soufflé au gruyère ? Il te faut un peu de farine, du beurre, du lait, un peu de gruyère et des œufs.**
– Ça veut dire quoi un peu de farine ? 10 g, 15 g ?
– Mais non ! Pour 4 personnes, il faut...

4. Un régime bien équilibré. 营养均衡的健康食谱。

Complétez le texte.

Ne mangez pas ... pain, ni ... fromage. Mangez ... viande ou ... poisson à chaque repas. Prenez ... fruits, mais entre les repas. Mangez ... pâtes deux fois par semaine. N'hésitez pas à manger ... légumes verts tous les jours. Buvez ... eau, mais pas ... Coca-Cola.

5. Vous en voulez combien ?

Exemple : – Voilà un paquet de café. Vous en avez assez ?
☞ **– Non, donnez-m'en un autre paquet.**
– Voilà 10 kilos d'oranges. Vous en avez trop ?
☞ **– Oui, je n'en veux que deux kilos.**

1) Prenez ce pot de confitures. Vous en avez assez ?
2) Voilà 5 litres d'huile. Vous en avez trop ?
3) Je vous donne une bouteille d'eau minérale. Vous en voulez d'autres ?
4) Voilà dix boîtes de biscuits. Vous en avez trop ?
5) Voilà un paquet de thé. Vous en avez assez ?
6) Deux plaques de chocolat, c'est assez ?

表达数量

对数量提问用“Combien de ... ?”，如：

– **Combien d'**œufs est-ce que vous désirez ?
– J'en veux une douzaine.

! “combien de”所修饰的可数名词永远是复数；如果修饰的是不可数名词，则没有变化，如：
– Il vous faut **combien de** beurre ?
– Donnez-moi 250 grammes de beurre.

表达不确定的数量

形容词quelques，plusieurs，certains可用来限定可数名词的数量，表示“几个，一些”，如：

quelques oranges
certains employés
plusieurs jours

更多情况下，名词的数量可用下列副词短语来表达：

un peu de pain
pas de viande（数量为0）
assez de places
peu de gens
pas mal de légumes（口语）
pas assez de chambres
beaucoup d'eau
pas beaucoup de travail
trop de compliments

用量词表达确定的数量

法语中的“量词”可以是：

– 称量单位 **250 grammes de** beurre
une livre de tomates
deux kilos de farine
dix litres d'eau
– 容器 **une boîte de** bonbons
une bouteille d'eau minérale
deux paquets de café
une plaque de chocolat
– 形状 **trois rondelles de** citron
cinq tranches de jambon
une larme de porto

! 一般用“打”这个概念来限定huître和œuf，如：
une demi-douzaine d'huîtres
une douzaine d'œufs

! 用“数量副词或量词 + de”来限定数量时，被限定的名词前不能有定冠词。如：
可以说：**beaucoup de** chansons
但不可以说：~~beaucoup des chansons~~。

6. Combien est-ce que vous en prenez ?

Exemple : – Combien de morceaux de sucre est-ce que vous mettez dans votre café ?
☞ – **J'en mets deux morceaux.**

1) Combien de morceaux de pain est-ce que vous mangez au déjeuner ?
2) Combien de lait est-ce que vous mettez dans votre thé ?
3) Combien d'œufs est-ce que vous mettez dans une omelette ?
4) Combien de lait est-ce que vous buvez par jour ?

7. Tu en prends maintenant ?

Au café. Jouez à deux. Utilisez : ***café – thé – cidre – lait – eau – jus d'orange – fromage – yaourt.***

Exemple : – **Tiens ! je vais prendre un thé.**
– **Comment ! Tu n'aimes pas le thé et tu en prends !**

SONS ET LETTRES
音与字母

1. Que de nasales ! 全是鼻化元音!

Lisez, repérez les nasales, prononcez puis écoutez. 读句子，并找出句子中的鼻化元音，然后听录音。

1) Il mange du poisson et du pain.
2) Il demande un supplément au restaurant.
3) Le client a très faim.
4) Garçon, le pain, ça vient ?
5) Mange. Prends ton temps.

2. Écrivez.

Étudiez le tableau ci-contre, puis écoutez les phrases et écrivez-les. 学习右表，然后根据录音听写句子。

鼻化元音 (voyelles nasales)

[ɑ̃] an, am, en, em :	dem**an**der, ch**am**bre, pr**en**dre, t**em**ps.
[ɛ̃] in, im, ain, aim :	f**in**, t**im**bre, p**ain**, f**aim**.
[ɔ̃] on, om :	mout**on**, t**om**ber.

! 在p和b前字母n被m代替。
! 如果元音字母后面有两个相同的辅音字母，则不发鼻化元音，如：
commander [kɔmɑ̃de], immobile [imɔbil]
但：**em**mener 读[ɑ̃mne]。

COMMUNIQUEZ
语言交际

1. Visionnez les *Variations*.

Jouez les scènes suivantes avec votre voisin(e).

1) Vous vous êtes fâché(e) avec un(e) ami(e).
Imaginez la raison de votre dispute.
Téléphonez-lui pour reprendre des relations normales.
你与一个朋友吵架了。想象冲突的缘由并打电话给他（她），与其重修旧好。

2) Vous êtes chez un(e) marchand(e) de fruits et légumes. Vous en achetez pour la semaine.
Vous demandez le prix des produits avant de vous décider.
你在一个蔬果摊儿上购买一周的食物。做决定之前别忘先询问价格。

2. La cliente est reine !

1) Écoutez la conversation entre une vendeuse d'épicerie fine et une cliente. Relevez :
a une façon de se plaindre ;
b une façon de rejeter la faute sur quelqu'un ;
c une demande de prix ;
d une demande de réconciliation.

2) Jouez la scène avec votre voisin(e). Changez le sujet de la plainte.

与人和解

1) – Tu n'es pas fâché pour hier ?
– Non, je ne suis pas fâché.
2) – Tu ne m'en veux pas pour hier ?
– Mais non.
3) – Tu m'excuses pour hier ?
– Mais oui. Ne t'inquiète pas.
4) – Sans rancune pour hier ?
– Mais oui, ce n'est rien.

询问价格

1) – Combien elles coûtent ?
– Cinq francs (0,80 euro environ) le kilo.
2) – Ça coûte combien les haricots verts ?
– Cinq euros le kilo.
3) – Elles valent combien ces pommes de terre ?
– Un euro le kilo.
4) – Quel est le prix du bifteck ?
– Il est à quatorze euros le kilo.

3. Qu'est-ce qu'il va acheter ?

Imaginez la conversation entre le mari et la femme. Utilisez : ***beaucoup – trop – assez de – quelques.***

Exemple : – Bon, alors, tu vas faire les provisions pour toute la semaine.
– D'accord. Mais qu'est-ce que je prends ?

4. Faites une enquête.

Vous êtes journaliste pour un magazine de santé. Vous faites un sondage pour savoir ce que mangent les Français ou vos compatriotes chaque jour aux trois repas. Pensez à des aliments simples : viande, poisson, eau... Donnez une idée des quantités générales (un peu, beaucoup) ou plus précises.
Interrogez votre voisin(e).
你是某健康杂志的记者。为了了解法国人或你的国人一日三餐的内容，你要做一个调查。模仿下表，给出大致（un peu, beaucoup）或确切的诸如肉、鱼、水等简单食物的消耗量。现在，询问你的同桌。

UN AN DE NOURRITURE
Évolution des quantités de certains aliments consommés par personne et par an *(en kg)*.

	1993	1970
• Pommes de terre	72,2	95,6
• Légumes frais	89,6	70,4
• Bœuf	17,1	15,6
• Volaille	22,2	14,2
• Œufs	14,2	11,5
• Poissons, coquillages, crustacés (frais et surgelés)	15,8	10,8
• Lait frais *(litre)*	73,9	95,2
• Huile alimentaire	11,0	8,1
• Sucre	9,3	20,4
• Vin *(litre)*	24,9	8,0
• Bière *(litre)*	37,9	41,4
• Eau minérale et de source *(litre)*	92,3	39,9

Tous à table !

La fougasse.

Le pain de mie.

Le sübrot.

Le bâtard.

Le pain de campagne.

Le pain aux céréales.

La baguette.

Même si beaucoup de jeunes Français préfèrent les hamburgers aux biftecks frites, le Coca-Cola au jus d'orange, les corn flakes aux tartines beurrées du matin, leurs parents restent, en majorité, fidèles à la cuisine traditionnelle. Les familles aiment se retrouver autour d'une table.

À côté de la bonne cuisine familiale, il y a la grande cuisine ! Les grands chefs, véritables créateurs, sont toujours à la recherche de nouveaux plats, de nouvelles saveurs. S'ils gardent jalousement leurs secrets, ils savent partager leur savoir-faire. Et les jeunes futurs grands chefs apprennent avec eux à devenir les porte-parole de la grande cuisine française.

Et maintenant, bon appétit !

1. Qu'est-ce que vous avez vu ?

1) Des apprentis cuisiniers.
2) Une cuisine très moderne.
3) Un chef en train de préparer un plat.
4) Des jeunes en train de prendre leur petit déjeuner.
5) Une famille en train de dîner autour de la table.

2. Dans quel ordre ?

Mettez les images de l'exercice 1 dans l'ordre d'apparition.

3. Et dans votre pays ?

1) Quels sont les produits de base de votre cuisine traditionnelle ?
2) De quelles régions sont originaires vos spécialités culinaires ?
3) Citez deux plats de votre région.

LA BAGUETTE ET LES AUTRES

On compte plus de quatre-vingts sortes de pains, mais la France reste le pays de la baguette !

Avec la même pâte, les boulangers proposent des pains de poids et de formes différentes :

– le petit pain de 50 grammes pour le petit déjeuner et le goûter des enfants ;
– la ficelle de 125 grammes, longue et fine ;
– la flûte de 200 grammes ;
– la baguette de 250 grammes. On en vend 10 millions par jour ;
– le bâtard de 250 grammes, gros et court ;
– le pain de 450 grammes, long et large.

On trouve aussi un grand nombre de pains spéciaux : pain au son, pain complet, pain de seigle, pain aux noix, aux céréales… et des spécialités régionales comme la fougasse dans le Sud ou la faluche dans le Nord !

DOSSIER 8

ÉPISODE 15
ON DÉMÉNAGE
搬家

ÉPISODE 16
BENOÎT S'INSTALLE
Benoît 迁入新办公室

VOUS ALLEZ APPRENDRE À :
- indiquer le chemin à l'intérieur d'un lieu
- exprimer de l'étonnement
- exprimer du mécontentement
- conforter/mettre en doute l'opinion de quelqu'un
- exprimer une appréciation
- se plaindre
- proposer de l'aide à quelqu'un
- atténuer une affirmation
- exprimer une restriction

VOUS ALLEZ UTILISER :
- *être en train de* + infinitif
- *ne... que...*
- l'interrogation marquée par l'inversion du sujet et du verbe
- les pronoms *en* et *y* (lieu)
- des prépositions et des locutions prépositionnelles de lieu
- des adverbes de lieu
- *personne ne..., rien ne...*

本单元中，你将学会：
- 在楼内指路
- 表达惊讶
- 表达不满
- 对他人的观点表示支持或异议
- 表达赞赏
- 抱怨
- 提议向他人提供帮助
- 委婉地肯定
- 表达保留意见

你将使用：
- *être en train de* + 动词不定式
- 句型 *ne ... que*
- 主谓倒装的疑问句
- 代词 *en* 和 *y*（代地点）
- 表示地点的介词与介词短语
- 地点副词
- 完全否定：*personne ne..., rien ne...*

ON DÉMÉNAGE
搬 家

Découvrez les situations 情景学习

1. Interprétez les photos.

Regardez les photos et dites ce qu'elles vous suggèrent.

1) Benoît tient un blouson dans la main. Imaginez ce qu'il dit à Pascal.
2) Benoît fait des gestes. Qu'est-ce qu'il explique à son collègue ?
3) Dans l'escalier, on voit des cartons. Qu'est-ce qu'ils contiennent ?
4) De quoi Benoît et ses collègues parlent-ils ? (photo 5)
5) Qu'est-ce que Benoît et ses cinq collègues regardent ?
6) Imaginez ce qu'on voit sur la photo 7 ?

2. Regardez les images.

Visionnez l'épisode sans le son.

1) Comment est le nouveau bureau de Nicole ?
   a Grand. c Clair. e En ordre.
   b Petit. d Sombre. f En désordre.
2) Que fait Nicole dans son bureau ?
3) Quels objets y voit-on ?

3. Faites des hypothèses.

1) Qu'est-ce qui se passe dans l'agence de voyages ?
2) Qu'est-ce que Benoît explique à son collègue ?
3) Pourquoi Benoît et son collègue vont-ils dans le bureau de Nicole ?
4) À qui est le bureau vide ?

Pascal est dans le salon. Benoît apparaît à la porte. Il est en jeans. Pascal lui tourne le dos.

Benoît — Salut ! Tu as bien dormi ?

Pascal se retourne.

Pascal — Comme un bébé[1] !

Pascal regarde Benoît.

Pascal — (étonné) Tu vas travailler en jeans, maintenant ?

Benoît — Non, mais aujourd'hui, on va déménager les bureaux. Je ne vais pas y aller en costume[2].

Pascal — Tu vas bien t'amuser !

Benoît — Au fait... tu ne mets pas mon blouson, aujourd'hui, je peux le prendre ?

Pascal — Oh, oui... aujourd'hui, tu peux le prendre.

Benoît — Merci.

Benoît s'en va.

Benoît rencontre un collègue dans un couloir de

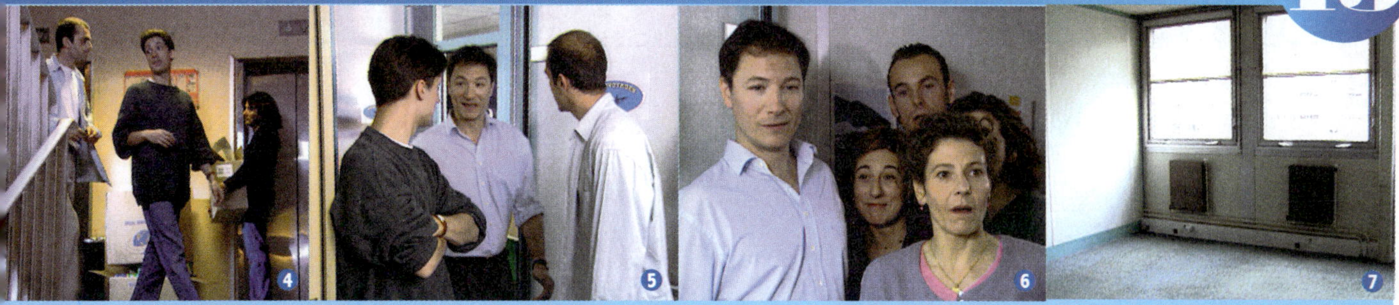

l'agence de voyages.

Benoît — Salut, où tu vas ?

Un collègue — J'ai un dossier urgent à envoyer[3] en e-mail[4] et mon nouvel ordinateur n'est pas encore installé. Je vais voir chez Nicole. Tu sais où est son bureau ?

Benoît — Oui. J'en viens.

Le collègue — Alors, explique-moi. Parce que je ne comprends rien à la nouvelle répartition des bureaux.

Benoît — Mais si, c'est très simple. Tout le troisième étage passe au rez-de-chaussée. Le rez-de-chaussée passe au deuxième. Et le deuxième est transféré au sixième.

Le collègue — Et le sixième, alors ?

Benoît — Le sixième ?… Je recommence.

Le collègue — Non, non. Le bureau de Nicole.

Benoît — Viens, je t'accompagne. Tu vas voir, c'est facile. C'est au rez-de-chaussée, au fond du couloir, la deuxième porte à gauche après l'ascenseur.

Le collègue — Et toi, ton nouveau bureau, il est bien ?

Benoît — Pas mal…

La porte est ouverte. Le bureau, comme les autres, est en désordre. Nicole est en train de ranger des dossiers.

Le collègue — Eh bien, tu es bien installée.

Nicole — Tu plaisantes ? Tu as vu la taille de l'armoire ? Je ne vais jamais y ranger tous mes dossiers. Et puis, il n'y a pas de lumière et, en plus, je suis à côté du local de la chaudière. Je vais mourir de chaud cet hiver.

Le collègue — Excuse-moi, Nicole. Je suis pressé. Je peux utiliser ton ordinateur ? J'ai un e-mail à envoyer.

Nicole — Mon ordinateur ? Je ne l'ai pas branché. Mais si tu veux le faire…

Le collègue — (soupir) Non, non, ça ne fait rien[5]. C'est pour Paris. Je préfère appeler un coursier.

Au moment où Benoît et son collègue vont sortir du bureau, un deuxième collègue passe et s'adresse à Benoît.

Le deuxième collègue — (à Benoît) Alors, ça y est[6], Benoît, tu as rangé ton bureau de directeur ?

Nicole — Qu'est-ce que tu veux dire ? Benoît a un bureau de directeur ?

Benoît — Ne l'écoutez pas, il exagère.

Le deuxième collègue — Mais pas du tout. M. Royer a un bureau au sixième étage avec vue sur le parc, juste à côté de la salle de réunions, en face du bureau de M. Joubert, notre P.-D.G.

Nicole — Ah bah, je veux voir ça. On y va tout de suite.

Benoît — Si vous voulez le voir…

La porte est ouverte.
Le petit groupe arrive. Benoît arrive derrière eux.
Ils regardent tous par la porte.
Le bureau est complètement vide.

Le groupe — Mais il est vide !

Benoît — Quoi ! Et où sont passées mes affaires ?

NOTES 课文注释

1 dormir comme un bébé 意为“睡得香甜”。

2 在法国，衣着习惯根据行业和职位的特点的不同而有所变化。比如，银行职员直接与客户打交道，他们的衣着会有异于广告公司或建筑设计事务所的职员。但一般来说，“西装领带”是公司对男员工的基本要求；而女性的着装自由度日益宽泛，女式西裤已经广为接受。但这种自由也不是无限度的，如裙子长度不能过短，低领衫的开口度适中，衬衣不宜太透明，等等。

3 avoir... à faire : 有……要做。

4 e-mail : 英语词，意为“电子邮件”。法兰西学院正式认可的术语是“mél”，但人们已习惯使用“e-mail”。

5 ça ne fait rien : 没什么，没关系。

6 ça y est : 行了。

VOCABULAIRE 词汇表

affaires	*n.f.pl.*	(个人的)衣物
(s')amuser	*v.pr.*	娱乐，玩耍
armoire	*n.f.*	柜子，衣柜
ascenseur	*n.m.*	电梯，升降机
au fait	*loc.adv.*	顺便问或说一下，对了，想起来了
bébé	*n.m.*	婴儿
blouson	*n.m.*	夹克衫
brancher	*v.t.*	接通（电）
chaudière	*n.f.*	锅炉
costume	*n.m.*	男式西服套装
couloir	*n.m.*	走廊
coursier, ère	*n.*	快递员
déménager	*v.i.*	搬家
	v.t.	搬运（家具等）；搬空
désordre	*n.m.*	混乱，杂乱无章
dossier	*n.m.*	材料，文件
en	*loc.prép.*	（+衣服）穿
fond	*n.m.*	底部；深处
au fond de	*loc.prép.*	在……深处
jeans	*n.m.*	牛仔服
juste	*adv.*	正好，恰好
local	*n.m.*	(*pl.* locaux) 房间，场所
lumière	*n.f.*	光线
mourir	*v.i.*	死亡
ordinateur	*n.m.*	计算机，电脑
pas du tout	*loc.adv.*	完全不
P.-D.G.	*n.*	董事长兼总经理，总裁 (président-directeur général的缩写)
ranger	*v.t.*	整理，收拾
recommencer	*v.t.*	重新做；重复
répartition	*n.f.*	分配
réunion	*n.f.*	会议
rez-de-chaussée	*n.m.inv.*	(建筑物的)底层，第一层
salle	*n.f.*	室，厅
simple	*adj.*	简单的
taille	*n.f.*	大小，面积
tout de suite	*loc.adv.*	立刻，马上
transférer	*v.t.*	转移，迁移
urgent, e	*adj.*	紧急的
vide	*adj.*	空的
vue	*n.f.*	视野

剧情理解

Observez l'action et les répliques
观察剧情和人物对话

1. Mettez en ordre.

Visionnez l'épisode avec le son, puis éliminez les événements qui n'appartiennent pas à l'épisode et mettez les autres en ordre.

a Un collègue décrit le nouveau bureau de Benoît au sixième étage.
b Benoît explique la nouvelle répartition des bureaux à un collègue.
c Benoît transporte tous ses dossiers dans son nouveau bureau.
d Ils vont tous voir le beau bureau de Benoît.
e Nicole offre du café à ses collègues dans son bureau.
f Benoît part au bureau en jeans et en blouson.
g Nicole se plaint d'avoir un bureau trop petit.
h Benoît s'installe dans son bureau du sixième étage.

2. Qui répond ? Qu'est-ce qu'il répond ?

1) Benoît : Salut ! Tu as bien dormi ?
2) Pascal : Tu vas travailler en jeans, maintenant ?
3) Le collègue : Je peux utiliser ton ordinateur ? J'ai un e-mail à envoyer.
4) Nicole : Benoît a un bureau de directeur ?

3. Avez-vous bien compris ?

1) Pourquoi est-ce que Benoît a mis un jeans et un blouson ?
2) Est-ce que Nicole est contente de son nouveau bureau ? Pourquoi ?
3) Pourquoi est-ce que le collègue de Benoît veut aller dans le bureau de Nicole ?
4) Pourquoi est-ce que ses collègues veulent aller voir le nouveau bureau de Benoît ?
5) Où est ce nouveau bureau et comment est-il ?

Observez les comportements
观察人物行为

4. Avez-vous remarqué ?

Décrivez l'attitude du personnage et dites ce qu'elle exprime.

1) On demande à Nicole si elle est bien installée.
   a Que fait-elle ? b Que dit-elle ?
2) Nicole dit à son collègue qu'il peut brancher son ordinateur.
   a Quelle réaction a-t-il ?
   b Qu'est-ce que ça exprime ?
3) Nicole entend dire que Benoît a un bureau de directeur.
   a Quelle réaction a-t-elle immédiatement ?
   b Que signifient son attitude et son ton ?
4) À la fin, tous les collègues se mettent à rire. Qu'est-ce que ce rire exprime ?

5. Comment l'expriment-ils ?

Quels actes de parole les personnages utilisent pour :

1) donner un accord ?
2) exprimer l'incompréhension ?
3) indiquer le chemin dans un grand bâtiment ?
4) se plaindre ?
5) minimiser l'affirmation de quelqu'un ?

DÉCOUVREZ LA GRAMMAIRE
语法学习

1. Donnez l'ordre.

Remplacez les expressions soulignées par le pronom qui remplace ***de*** + nom.
Mettez bien le trait d'union entre le verbe à l'impératif et le pronom.

Exemple : – Tu n'as pas encore envoyé d'invitations pour la réunion ?
☞ – **Alors, envoies-en.**

1) Tu n'as pas encore fait de photocopies pour les participants ?
2) Tu n'as pas encore préparé de dossiers ?
3) Tu n'as pas encore commandé de formulaires pour notre enquête ?
4) Tu n'as pas encore rédigé de commentaires sur le rapport ?
5) Tu n'as pas encore acheté de café et de gâteaux ?

2. Il y pense.

Répondez aux questions en employant ***y***, pronom complément d'objet indirect.

Exemple : – Benoît pense à son bureau du sixième ?
☞ – **Oui, il y pense.**

1) Nicole réfléchit à l'aménagement de son bureau ?
2) Nicole arrive à ranger ses affaires ?
3) Elle s'intéresse aux problèmes des autres ?
4) Les collègues de Benoît tiennent à voir son bureau ?
5) Benoît s'attend à trouver son bureau vide ?

副代词y

- 代替用 à 引导的动词的间接宾语。
  Elle pense à son travail.→ Elle **y** pense.
  Nous participons à ce projet.→ Nous **y** participons.
  – Avez-vous réfléchi à ce programme ?
  – J'**y** ai déjà réfléchi.
- 代替用 à, dans, en 等介词引导的地点状语。
  Ils vont à Paris.→ Ils **y** vont.
  Jean a acheté ses livres sur les Champs-Élysées.
  → Il **y** a acheté ses livres.
  – Pauline habite en banlieue ?
  – Oui, elle **y** habite.

! 在否定句中，ne...pas 放在"y+ 动词"的两边。如：
Je n'y ai **pas** pensé.

! 如果间接宾语是人，就不能用 y 来代替，而应使用重读人称代词。
Il pense à ses meilleurs amis.→ Il pense **à eux**.

! 命令式中使用 y 时，第一组动词第二人称单数需要在词尾加 s，并且用连字符。
Pense**s**-y !

副代词en

En 的基本用法是代替"de+ 名词"，可以代人或事物，放在相关动词前。具体可以分以下五种主要情况：

1. 代替"不定冠词复数/部分冠词+名词"，作直接宾语。如：
   – Tu prends des légumes ? – Oui, j'**en** prends.
   – Avez-vous des frères ? – Oui, j'**en** ai.
   Ils se plaignent du manque d'espace.
   → Ils s'**en** plaignent.

2. 代替数词或数量副词后面的名词或"de+ 名词"，作宾语或数量副词的补语。如：
   – Combien de montres as-tu achetés ?
   – J'**en** ai pris **une**.
   – A-t-il des enfants ?
   – Oui, il **en** a **trois**.
   – Est-ce qu'il y a assez de pain ?
   – Oui, il y **en** a **beaucoup**.

3. 代替形容词后面的"de+ 名词/动词不定式"，作形容词补语。如：
   – Êtes-vous contents de ce voyage ?
   – Oui, nous **en** sommes très contents.
   – Nous avons été ravis de vous revoir.
   – Nous **en** avons été ravis.

4. 代替动词后面的"de+ 名词"，作间接宾语或状语。如：
   – Il parle de son travail ?
   – Oui, il **en** parle tout le temps.
   – Ils s'occupent de ce projet ?
   – Oui, ils s'**en** occupent.

5. 代替介词引导的地点状语。如：
   – Elle est partie en Espagne ?
   – Elle **en** est revenue !

! 在否定句中，ne...pas 放在"en+ 动词"的两边。如：
– Tu ne prends pas de café ?
– Non, je **n'**en veux **pas**.
– Y a-t-il encore du pain ?
– Non, il **n'**y en a **pas** beaucoup.

! 不要将副代词 en 与介词 en 混淆，他们的语法功能不一样。

! 在上述3、4两种情况中，如果名词是人，就不能用 en 来代替，而应用重读人称代词。如：
Les professeurs sont fiers des étudiants.
→ Les professeurs sont fiers **d'eux**.
– De qui parlez-vous ? Toujours de Marc ?
– Oui, nous parlons toujours **de lui**.

3. Ils en viennent ou ils y vont ?

Faites pour chaque dessin une phrase avec ***en*** et une phrase avec ***y***.

Exemple : ☞ **Ils y entrent.**

4. *Y* ou *en* ?

Remplacez les compléments soulignés par ***y*** ou ***en*** selon les cas.

1) Ils se plaignent du manque de dynamisme de la société.
2) Ils s'intéressent à un nouveau projet.
3) Ils nous ont parlé de ce projet de façon très vague.
4) Ils disent qu'ils se préparent à le présenter.
5) Mais, ce matin, ils ont téléphoné : ils ont renoncé au projet.
6) Nous ne comprenons rien à tout ça.
7) Le directeur s'oppose à ce type de projet.

5. *En*, *y*, *lui* ou *leur* ?

Répondez aux questions. Utilisez ***en***, ***y***, ***lui*** ou ***leur*** dans la réponse.

Exemple : – Tu as envoyé les nouvelles brochures aux clients de l'agence ?
☞ **– Oui, je leur ai envoyé.**

1) Tu as demandé à Benoît où est le bureau du service ?
2) Il s'est informé des nouvelles règles ?
3) Tu crois qu'ils vont s'intéresser à nos projets ?
4) Tu vas t'occuper de remettre de l'ordre ?
5) Tu vas annoncer la nouvelle à nos collègues ?
6) Tu vas réfléchir aux conséquences de la décision ?

6. C'est impératif !

Employez un pronom complément d'objet indirect.

Exemple : – Tu as réfléchi aux propositions ?
☞ **– Non, je n'y ai pas réfléchi.**
– Alors, réfléchis-y.

1) Tu as discuté des décisions à prendre ?
2) Tu as parlé de tous les problèmes ?
3) Tu as proposé des solutions ?
4) Tu penses à la prochaine réunion ?
5) Tu t'es occupé du nouveau stagiaire ?

7. Il n'a rien obtenu !

Écoutez et répondez négativement aux questions posées par la femme de l'employé.

Exemple : – Tu leur as demandé quelque chose ?
☞ **– Non, je ne leur ai rien demandé.**
– Tu as vu quelqu'un à ce sujet ?
☞ **– Non, je n'ai vu personne.**

用personne或rien表达完全否定

否定句中，对宾语的完全否定用ne...personne（人）或ne...rien（物）来表达。如：

Il n'y a **personne** dans la salle.
Je **ne** fais **rien** en ce moment.
Ce film **n'**intéresse **personne**.
Elle **ne** s'intéresse à **rien**.
Ne parle à **personne** de cette affaire.
Marie **n'**a **rien** compris à ce roman.

如果被否定的句子成分是主语，则使用personne...ne或rien...ne来表达。如：

Personne n'est venu.
Rien ne lui a plu.
Personne ne m'a dit de vous téléphoner.
Rien ne va dans sa vie.

SONS ET LETTRES · les voyelles nasales
音与字母 · 鼻化元音

1. Liaison interdite. 禁止联诵。

On sait que les liaisons sont interdites entre les groupes rythmiques.
Elles le sont aussi, à l'intérieur d'un groupe, entre une voyelle nasale finale de mot et une voyelle orale.
Écoutez et répétez les groupes suivants.
一般情况下，一句话中的两个节奏组之间禁止联诵。一个节奏组内，以鼻化元音结尾的词与以普通元音开头的词之间也禁止联诵。听录音并跟读。

2. Transformations grammaticales. 语法上的词形变化。

1) Mettez au féminin les noms et les adjectifs suivants, puis écoutez et répétez si nécessaire. 将下列名词和形容词变成阴性，然后听录音，必要时请跟读。

a européen　　d chien　　g bon
b pharmacien　　e musicien　　h partisan
c américain　　f certain

2) Mettez à la 3e personne du singulier ou du pluriel et écoutez. 将下列动词变成第三人称单数或复数，然后听录音。

a Il tient.　　b Il contient.　　c Ils obtiennent.

COMMUNIQUEZ
语言交际

1. Visionnez les *Variations*.

Jouez ces situations avec votre voisin(e).

1) Vous êtes en hiver. Il fait froid. Un(e) de vos ami(e)s met des vêtements d'été pour sortir. Vous vous étonnez, vous le/la mettez en garde et vous lui donnez des conseils. 冬天，冷风刺骨。你的一个朋友却要穿着夏装出门。你表示诧异，给他（她）善意的提醒和建议。

2) Un(e) de vos collègues vient de déménager dans un nouvel appartement. Vous voulez savoir s'il/elle est bien. 你的一个同事刚刚迁入新居。你想了解他（她）的近况。

2. Retenez l'essentiel.

Écoutez la conversation téléphonique entre une cliente et un employé de l'agence de voyages et prenez note des demandes. Faites une fiche.

Qui : ...
À quel sujet : ...
Recherche à faire : ...
Personne et numéro à rappeler : ...

表达惊讶

1) – Tu vas travailler en jeans maintenant ?
– Non...
2) – Des jeans pour aller travailler !
– Pourquoi pas ?
3) – Tu t'habilles comme ça, aujourd'hui ?
– Eh oui, tu vois.
4) – Tu ne vas pas travailler habillé comme ça ?
– Mais si. Ça t'étonne ?

如何满足你的好奇心

1) – Et toi, ton nouveau bureau, il est bien ?
– Pas mal.
2) – Il est comment ton nouveau bureau ?
– Ça peut aller.
3) – Il est comment ton nouveau bureau ?
– Pas terrible !
4) – Tu te sens bien dans ton nouveau bureau ?
– Oui, ça va...
5) – Tu te sens bien dans ton nouveau bureau ?
– Non, pas du tout !
6) – Et ton nouveau bureau, il te convient ?
– Je ne me plains pas.
7) – Et ton nouveau bureau, il te convient ?
– Ah ! non, alors !

3. À l'accueil. 在接待处。

Écoutez ce que dit l'hôtesse d'accueil et placez le numéro des bureaux et le nom des occupants.

Les Français au travail 法国就业人口

Les actifs représentent en France 43 % de la population. C'est un pourcentage moyen par rapport aux autres pays européens. Un événement social très significatif, ces dernières années, est l'augmentation du travail féminin : 59 % des femmes de 15 à 65 ans travaillent. Autre fait important, le temps de travail diminue. En l'an 2000, il passe de 39 à 35 heures de travail par semaine. Mais les cadres, employés à statut privilégié, travaillent bien au-delà de cette durée hebdomadaire.

La France a trois spécificités. C'est d'abord la forte proportion de salariés du secteur public. On compte 5 millions et demi de fonctionnaires : un actif sur quatre est un salarié de l'État. La deuxième est un fort taux de chômage, plus de 12 % des actifs. Depuis 1964, le chômage en France a été multiplié par 10 ! La dernière est le nombre très faible des syndiqués, moins de 10 %. La cause en est sans doute la disparition progressive de la classe ouvrière, mais c'est aussi parce que les salariés reprochent aux syndicats leur activité politique et leur opposition à beaucoup de réformes.

1. Repérez les informations.

1) Le pourcentage des actifs est-il anormal par rapport à celui des autres pays européens ?
2) Quels changements sont en train de se produire dans le monde du travail ?
3) Quelle est la proportion de fonctionnaires et de gens qui travaillent pour l'État ?
4) Dans quel secteur de la population le chômage est-il actuellement le plus élevé ?
5) Quels reproches est-ce que les salariés font-ils aux syndicats ?

2. Quelle est la structure des paragraphes ?

1) Quelle est la phrase-clef de chacun des deux paragraphes ?
2) Reproduisez et complétez le schéma suivant.

① Premier paragraphe : actifs : 43 %
Deux faits significatifs : a... b ...
② Deuxième paragraphe :
Trois spécificités : a ... b ... c ...

3. Mots dérivés. 派生词。

Indiquez le nom ou le verbe correspondant.

1) augmenter
2) diminution
3) multiplication
4) disparaître
5) durer
6) (s')opposer (à)

4. Lecture sélective.

1) Quels sont les deux postes proposés dans ces annonces ?
2) Les emplois sont-ils tous fixes ?
3) Les salaires sont-ils écrits dans l'annonce ?
4) S'agit-il d'emplois pour débutants ?
5) Que doit-on faire pour prendre contact ?

◆ Société européenne de télécommunications recherche **technicien téléphonie privée**, PABX, bonne expérience.
Tél. : 04 93 69 92 69.

◆ École de français pour adultes cherche **professeur de français** parlant anglais, août-septembre, 10h30-15h30. Expérience impérative.
Envoyer CV : Institut de français,
06230 Villefranche-sur-mer.

5. À vos stylos !

1) Vous cherchez du personnel. Examinez les offres d'emploi ci-dessus. Puis, pensez à une entreprise que vous connaissez et rédigez une offre d'emploi pour recruter un programmeur ou une secrétaire.
2) Répondez à une des annonces.

DES MOTS POUR LE DIRE 15

丰富你的词汇

L'entreprise 企业

Président-directeur général (P.-D.G.)

Relations humaines | Communication | Recherche | Marketing | Gestion et Finances | Production | Commercialisation

1. Quelles sont leurs responsabilités ?

Attribuez un ensemble de responsabilités à chacun des services de l'organigramme.
在企业组织机构图中，选择每一个部门的职责定义。

1) Vendre les produits.
Chercher de nouveaux clients…
2) Faire passer des entretiens d'embauche pour recruter du personnel.
S'occuper des carrières des salariés de l'entreprise…
3) Diriger les services administratifs.
Préparer les budgets et établir les bilans…
4) Assumer la responsabilité générale de l'entreprise.
Présider le conseil d'administration.
Superviser l'ensemble des directions…
5) Concevoir et tester de nouveaux produits…
6) Faire des études de marché.
Étudier et mettre au point les nouveaux produits…
7) Concevoir la publicité de l'entreprise.
Faire circuler l'information à l'intérieur de l'entreprise…
8) Fabriquer les produits…

在办公室

Un chef de service dirige le service.
Il a sous ses ordres des rédacteurs, des programmeurs, des comptables, des secrétaires…

在工厂

Un directeur de fabrication dirige des cadres techniques, ingénieurs et techniciens, et des équipes d'ouvriers.

2. À qui allez-vous vous adresser ? 你该找谁?

Dans chaque cas, dites à quel service ou à quel dirigeant vous devez vous adresser.

1) Vous voulez monter un plan commercial.
2) Vous pensez à une restructuration de la hiérarchie du personnel.
3) Vous avez une nouvelle publicité à mettre au point.
4) Vous êtes chargé(e) d'établir un rapport budgétaire.
5) Vous voulez proposer un nouveau procédé de fabrication.

3. Le genre des noms.

Recherchez dans la page les noms qui ne suivent pas les règles de différenciation des genres.

Exemple : **un ensemble, un service…**

BENOÎT S'INSTALLE
BENOÎT 迁入新办公室！

Découvrez les situations 情景学习

1. Où sont les bureaux ?

Regardez le plan ci-contre et dites où sont situés les bureaux.

2. Faites des hypothèses.

Visionnez l'épisode sans le son.

1) Pourquoi Benoît va-t-il voir la responsable de l'attribution des locaux ?
2) Imaginez ce que peut lui dire la responsable.
3) Quel est le problème de Laurent ?
4) Comment est le bureau de Benoît ? Est-ce qu'il va pouvoir ranger toutes ses affaires ?
5) Qu'est-ce que Julie demande à Benoît quand il arrive ?

Benoît est dans le bureau de la responsable de l'intendance. Il est très énervé.

Benoît — Je veux des explications ! Qu'est-ce qui s'est passé ?

La responsable — Il y a eu une erreur d'attribution. On est désolés.

Benoît — C'est ça, oui. Et moi, qu'est-ce que je deviens ?

La responsable — Ça va s'arranger. Je vais vous montrer le plan.

Elle lui montre un plan de l'implantation de l'immeuble.

La responsable — Il ne reste que trois bureaux libres pour votre service. Le 407, vous voyez ici, en face des toilettes, à côté du local de la photocopie... Évidemment, c'est un peu bruyant. Le 415, il est situé de l'autre côté du couloir. Il a une jolie vue, mais il est un peu petit.

Benoît — Un peu petit ! 9 m^2, c'est un placard à balais, oui !

La responsable — (imperturbable) Et voici le dernier, le 422. Il fait 12 m^2. Il est un peu sombre en hiver.

Benoît — Je résume : j'ai le choix entre un lieu de passage, un placard à balais et des lampes allumées toute la journée.

La responsable — Je regrette, mais il n'y a que ces

ÉPISODE 16

trois possibilités. Alors, quel bureau choisissez-vous ?

Benoît (soupirant) Le placard à balais. Au moins, il y a une vue.

La responsable (imperturbable) Vous avez fait le bon choix.

Laurent est en train de passer un fax.

Laurent Ah, tu tombes bien[1]. Je n'arrive pas à envoyer ce fax.

Benoît Qu'est-ce qui se passe ?

Laurent Je ne sais pas. J'ai fait le numéro, mais ça se bloque.

Benoît Tu l'envoies où ?

Laurent En Argentine.

Benoît regarde le fax.

Benoît Évidemment, tu n'as pas fait le 00. Pour l'étranger, il faut toujours faire le 00 avant le numéro. Tu ne sais pas encore ça ?

Laurent On en apprend tous les jours, chef !

Il y a des cartons empilés, des dossiers en vrac sur le bureau, etc. Benoît essaye de mettre de l'ordre. Un collègue arrive avec une plante.

Le collègue Tu ne veux pas une plante ?

Benoît Une plante ?

Le collègue Mais oui ! Regarde. Tu mets cette chaise dans le coin, près de l'armoire, le lampadaire derrière la porte, et ma plante devant la fenêtre.

Benoît n'a pas l'air convaincu.

Le collègue Bon ! Ben, si tu ne veux pas de ma plante, tu veux peut-être un coup de main ?

Benoît Ça, c'est une idée…

Un deuxième collègue arrive.

Le deuxième collègue Qu'est-ce que tu fais ?

Benoît Je suis en train de ranger. Ça ne se voit pas ?

Le deuxième collègue Te fâche pas ! Je peux t'aider ?

Benoît Puisque tu le proposes si gentiment…

Benoît s'adresse au premier collègue. Il montre des boîtes de dossiers.

Benoît Je monte sur la chaise. Tu me passes ces dossiers. Je vais les mettre au-dessus de l'armoire.

Benoît monte sur la chaise.

Le deuxième collègue Bon, et moi, qu'est-ce que je peux faire ?

Benoît Je ne sais pas !

Le deuxième collègue Bon, ben, s'il n'y a rien à faire, je retourne dans mon bureau.

Benoît Non, non, attends. Tu vois la pile, près de la table. Ce sont les nouvelles brochures si tu peux trouver un endroit…

Le deuxième collègue regarde autour de lui et désigne un petit casier.

Le deuxième collègue Ça va si je mets ce casier sous la fenêtre ? Il est parfait pour les brochures. Et on peut mettre cette superbe plante dessus.

Le premier collègue Ah, bon, tu vois !

Benoît Bon, bon, d'accord, d'accord.

Pascal et Julie sont dans le salon en train de déplacer des meubles. Benoît, l'air très fatigué, apparaît.

Julie Ah, tu arrives bien ! On est en train de faire un peu de rangement. Tu peux nous donner un coup de main ?

NOTES 课文注释

1 tu tombes bien : 你来得正好。

VOCABULAIRE 词汇表

allumé, e	*adj.* 点亮的
***apparaître**	*v.i.* 出现
Argentine	*n.pr.f.* 阿根廷
(s')arranger	*v.pr.* 处理好，顺利解决
arriver	*v.t.ind.* (+ à) 到达
attribution	*n.f.* 分配，授予
au-dessus de	*loc.prép.* 在……上面
au moins	*loc.adv.* 至少
balai	*n.m.* 扫帚
(se) bloquer	*v.pr.* 被卡住
***boîte**	*n.f.* 盒子
brochure	*n.f.* 小册子
bruyant, e	*adj.* 嘈杂的
carré	*n.m.* 平方
mètre carré	平方米
***carton**	*n.m.* 纸箱，纸板盒
casier	*n.m.* 格子书架，文件架
chaise	*n.f.* 椅子
chef	*n.m.* 头儿，领导
choix	*n.m.* 选择
***convaincu, e**	*adj.* 被说服的
de l'autre côté de	*loc.prép.* 在……另一边
***déplacer**	*v.t.* 搬动
***désigner**	*v.t.* 指出
dessus	*adv.* 在上面
endroit	*n.m.* 地点
erreur	*n.f.* 错误
étranger	*n.m.* 国外
explication	*n.f.* 解释
***empilé, e**	*adj.* 堆积的
***en vrac**	*loc.adv.* 散装地，乱七八糟地
***essayer**	*v.t.* (+ de) 力图，试图
***etc.**	*adv.* 等等（et cetera或et cætera的缩写）
évidemment	*adv.* 显然
(se) fâcher	*v.pr.* 生气，发怒
***fax**	*n.m.* 传真
fenêtre	*n.f.* 窗户
gentiment	*adv.* 和蔼地，客气地
hiver	*n.m.* 冬天
***imperturbable**	*adj.* 镇静的，不受干扰的
***implantation**	*n.f.* （企业内建筑物的）布局
***intendance**	*n.f.* 后勤部门
lampadaire	*n.m.* 落地灯
lampe	*n.f.* 灯；照明器具
lieu	*n.m.* （*pl.* ~x）地方，地点
main	*n.f.* 手
coup de main	帮助，帮忙
***meuble**	*n.m.* 家具
monter	*v.i.* 登上，爬上
numéro	*n.m.* 号码
faire un numéro	拨号
passage	*n.m.* 通道
passer	*v.t.* 给，传递
photocopie	*n.f.* 复印
pile	*n.f.* 一堆东西
placard	*n.m.* 壁橱
possibilité	*n.f.* 可能性
près de	*loc.prép.* 在……旁边
proposer	*v.t.* 建议
puisque	*conj.* 既然
rangement	*n.m.* 整理
rester	*v.i.* 剩下
résumer	*v.t.* 总结，概括
retourner	*v.i.* 回到
situé, e	*adj.* 位于……的
sombre	*adj.* 阴暗的
superbe	*adj.* 好极了的，绝妙的
toilettes	*n.f.pl.* 盥洗室，卫生间，厕所
(se) voir	*v.pr.* 看得出来，明显

ORGANISEZ VOTRE COMPRÉHENSION 16

剧情理解

Observez l'action et les répliques

观察剧情和人物对话

1. Tout est faux : dites la vérité ! 下面的说法都不对，请说出事实真相！

1) Benoît a choisi le bureau 407.
2) Laurent envoie un fax au Japon.
3) Le bureau de Benoît est entièrement rangé.
4) Benoît n'a pas besoin de ses collègues.
5) Julie demande à Benoît comment son déménagement s'est passé.

2. Vous avez une bonne mémoire ? 你的记性好吗？

1) Quels sont les inconvénients du bureau 422 ?
2) À quoi est-ce que Benoît compare le bureau 415 ?
3) Qu'est-ce qu'il faut faire quand on envoie un fax à l'étranger ?
4) Qu'est-ce que le deuxième collègue demande à Benoît ?
5) Où est-ce que Benoît va mettre la plante ?

Observez les comportements

观察人物行为

3. Avez-vous bien observé ?

1) Quand la responsable lui propose le bureau 407, l'expression de Benoît montre :
   a qu'il est d'accord ;
   b qu'il croit qu'on se moque de lui.
2) Quand Benoît explique le fonctionnement du fax à Laurent :
   a il parle lentement et fait des gestes du bras pour souligner ce qu'il dit ;
   b il parle assez vite et montre le fax de la main.
3) Quand Benoît lui fait un léger reproche et lui donne un conseil, Laurent :
   a fait un geste pour se protéger ;
   b fait un salut militaire et sourit.
4) Quand Julie demande à Benoît de l'aider à déplacer les meubles dans l'appartement, Benoît soupire, la bouche fermée. Ça veut dire :
   a Mais oui, avec plaisir.
   b Encore ! Ce n'est pas possible.

4. Comment est-ce qu'ils le disent ?

À chacun des énoncés associez un des actes de parole suivants.

1) Je veux des explications !
2) Tu ne sais pas encore ça ?
3) On en apprend tous les jours, chef !
4) Je suis en train de ranger. Ça ne se voit pas ?
5) Bon ! Si tu ne veux pas de ma plante, tu veux peut-être un coup de main.

a Offrir de l'aide.
b S'excuser avec une plaisanterie.
c Exiger une réponse.
d Faire un reproche.
e Exprimer de l'irritation.

5. Quels sont les équivalents ? 对等的表达方式是什么？

Trouvez dans les dialogues des expressions de même sens.

1) On ne peut pas vous l'attribuer.
2) On va bien trouver une solution.
3) Ça s'apprend vite ça, pourtant !
4) Tu peux trouver un endroit.
5) Tu peux nous aider ?

DÉCOUVREZ LA GRAMMAIRE
语法学习

1. Décrivez-le. 描述画面。

Décrivez ce tableau pour un catalogue d'exposition. Soyez précis dans votre description. 描述一下下面展览目录中的一幅画。描述要尽量准确。
Utilisez : ***au-dessus (de), au-dessous (de), contre, au milieu (de), entre, dans le coin…***

2. Comment est votre bureau ?

Vous avez changé de bureau. Vous décrivez votre nouveau bureau à votre famille. On vous pose des questions. Jouez à deux.

3. Ils ne font que ça ! 他们只做这个！

1) Beaucoup de gens ont des passions ou des habitudes exclusives. Décrivez-les. 很多人有一些专一的嗜好或习惯，描述一下。

Exemple : Les amateurs de vieux films.
☞ **Les vieux films, ils ne regardent que ça.**

- **a** Les gros travailleurs.
- **b** Les fous de télévision.
- **c** Les gens passionnés par un sport.
- **d** Les amateurs de vieilles voitures.
- **e** Les collectionneurs de timbres.

2) Et vous ? Est-ce qu'il y a des choses que vous faites exclusivement ? Confiez-vous à votre voisin(e) et interrogez-le/la. 那你呢？你是不是也有一些特别的嗜好？告诉你的同桌，再问问他（她）是否也如此。

表达限定 ne...que..., seulement

副词seulement和短语“ne...que...”表示限制或局限在某个范围、程度，如：
– Tu prends tes vacances en juin ?
– Oui, je **ne** prends mes vacances **qu'**en juin.
(= seulement en juin)

– Tu penses à ton examen ?
– Oui, je **ne** pense **qu'**à ça !
(= seulement à ça)

! ne位于变位动词前，que位于被限定成分前。

4. Il n'y a pas que ça ! 不只有这个！

Vous avez visité un appartement de 60 m², au sixième sans ascenseur, avec un salon de 20 m², deux chambres, une cuisine partiellement équipée, une salle de bains sans fenêtre, avec une jolie vue sur un parc, une petite terrasse, en proche banlieue, au prix de cent cinquante deux mille euros. Vous en discutez et vous donnez un argument négatif, compensé aussitôt par un aspect positif. 你们参观了一个面积为60平米的套房：在7层，没有电梯；客厅20平米，有两间卧室，厨房设施不全，浴室没有窗户；可俯视公园，景色宜人，还有一个小露台。房子位于近郊，售价为152 000欧元。讨论一下，先举出该房子的缺点，然后再列出它的优点。

Exemple : **La chambre d'enfant ne fait que 9 m², mais elle a une jolie vue.**

5. Faites l'inversion. 倒装练习。

Vous entendez des questions. Vous les dites avec l'inversion du sujet et du verbe. Ces inversions sont surtout réservées à l'écrit.
你将听到一些问题，然后把主语与谓语倒装重新提问。这种倒装主要用于笔语。

Exemple : – Elle s'est fiancée, avec qui ?
☞ **– Avec qui s'est-elle fiancée ?**

6. Posez les questions en langage soigné. 用讲究的语言来提问。

Faites l'inversion du sujet et du verbe.
注意颠倒主语与谓语的位置。

1) Oui, je veux en changer.
2) Je prends le 215.
3) Il est situé en face du local de la photocopie.
4) Ils peuvent mettre la table devant la fenêtre.
5) Je suis en train de préparer un rapport.

主谓倒装的疑问句

主语为代词时，疑问句的形式有三种：

Tu veux partir ? → Est-ce que tu veux partir ?
→ Veux-tu partir ?

On fait quoi ? → Qu'est-ce qu'on fait ?
→ Que fait-on ?

主语为名词或名词词组时，在正式语言中应使用代词来重复名词主语表示疑问：

Pierre vient ? → Pierre vient-**il** ?
De quoi nos enfants se plaignent-**ils** ?

! 注意区分下面两句话：
Qui cherche Pascal ?
（Qui是主语，而Pascal是被找的人。）
Qui Pascal cherche-t-il ?
（Pascal是主语，而qui是被找的人。）

! 如果动词第三人称单数变位形式以元音字母结尾，在倒装的主语代词 il/elle/on 与动词之间加“-t-”：
On va où ? → Où va-t-on ?
Il regarde quoi ? → Que regarde-t-il ?

7. Qu'est-ce qu'ils sont en train de faire ?

Le téléphone sonne, mais ils sont tous en train de faire quelque chose d'important. Imaginez ce qu'ils disent. 电话铃响了，但他们都在做着某件重要的事。想象一下他们会说些什么。

Exemple : ☞ **Va répondre, mais dis qu'on est en train de manger.**

être en train de + 动词不定式

强调正在进行的动作，可以使用短语“être en train de + 动词不定式”。
如：Ils **sont en train de** regarder la télévision.

! “être en train de”不能用于复合过去时。

SONS ET LETTRES • les voyelles centrales

音与字母 • 圆唇元音[y][ø][œ]

1. Entraînement. 发音练习。

Prononcez les mots suivants et écoutez.

1) si – su
2) sous – su
3) dit – du
4) vie – vu
5) dé – deux
6) dos – deux
7) fée – feu
8) faux – feu
9) père – peur
10) port – peur
11) serre – sœur
12) sort – sœur

2. Sons sans suite. 不连贯的音。

Écoutez et répétez.

1) Dans la rue Dufour, vous avez eu peur.
2) Vous avez vu les deux feux rouges du port.
3) Leurs deux sœurs sortent ce soir.
4) Éléonore adore les sœurs de son père.
5) Au bord de la mer, elles peuvent jouer.

COMMUNIQUEZ

语言交际

1. Visionnez les *Variations*.

Jouez les situations suivantes avec votre voisin(e).

1) Vous recevez une lettre de licenciement. Vous n'êtes pas d'accord. Vous demandez au chef du personnel des explications. 你收到一封辞退信。你非常不满，去找人事领导要求得到解释。
2) Vous avez loué un appartement sans consulter votre ami(e). Il/elle n'est pas content(e). 你没有征求男（女）朋友的意见租了一套房子，朋友很不高兴。
3) Un(e) de vos ami(e)s a des problèmes. Vous l'interrogez et vous lui proposez de l'aide. 你的一个朋友遇到了一些麻烦。你问他（她）有什么事情并提出要帮助他（她）。

2. Changement de décor. 变换室内布局。

Écoutez et trouvez :

1) une marque d'étonnement ;
2) un accord ;
3) une marque de mécontentement ;
4) une condition ;
5) une demande d'aide.

表达不满

1) Je veux des explications !
2) Mais qu'est-ce que ça veut dire ?
3) On n'a jamais vu ça !
4) Ce n'est pas une façon de traiter les gens.

对他人的观点表示支持或异议

1) Vous avez fait le bon choix.
2) On ne peut pas mieux choisir.
3) On ne peut pas choisir plus mal.
4) C'est le meilleur choix.
5) Ce n'est pas le meilleur choix !
6) Vous avez tout à fait raison.
7) Vous avez tort.

提议向他人提供帮助

1) – Tu veux un coup de main ?
   – Puisque tu le proposes si gentiment.
2) – Je peux t'aider ?
   – Oui, avec plaisir.
3) – Tu as besoin d'aide ?
   – Oui, merci.
4) – On peut faire quelque chose pour toi ?
   – Certainement. Merci.

3. Où se trouvent ces endroits ?
这些地方位于哪里？

1) Vous êtes au bureau d'information à l'entrée d'un grand magasin. Des visiteurs francophones demandent des renseignements. L'hôtesse leur répond. Écoutez et dites chaque fois ce que la personne a demandé et où ça se trouve. 你在一家百货商场入口的问讯处。一些讲法语的顾客来问询，女接待员回答他们的问题。听录音，然后说出每个客人都问了什么问题，再说出他们要去的地方在哪里。
2) Maintenant, jouez à deux. L'un(e) joue le rôle de l'hôtesse, l'autre celui du visiteur. Inversez les rôles. 现在与同桌一起表演，一人演顾客，一人演女接待员。然后再交换角色表演。

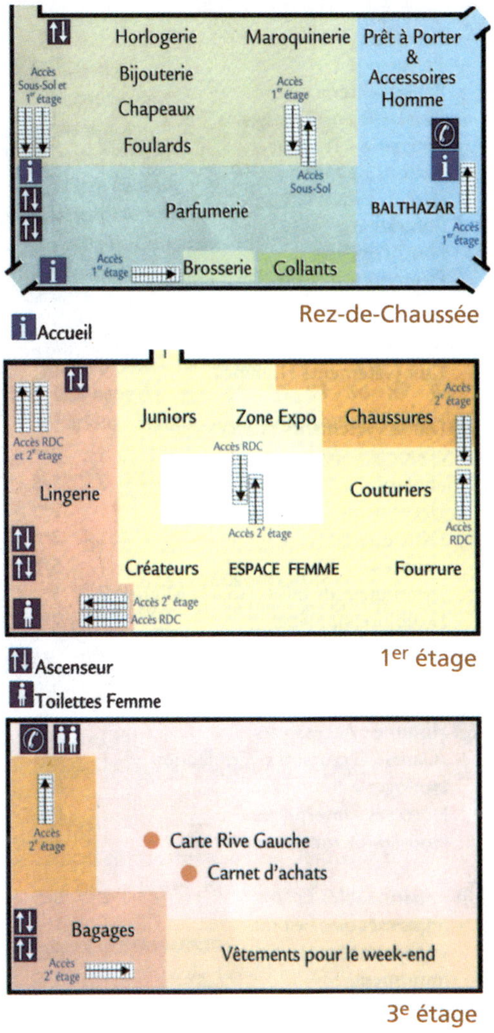

4. Décorez une pièce. 装饰房间。

Vous êtes décorateur/décoratrice. Un(e) client(e) vous demande de placer des meubles dans une pièce. Vous lui faites des suggestions. Il n'est pas toujours de votre avis. Chacun exprime ses raisons. Jouez la scène avec votre voisin(e). 你是室内装饰师，一位客户请你帮助摆放房间里的家具。你向他提出了一些建议，但他并不完全同意你的看法。每人说出各自的理由，与同桌一起表演。

Des entreprises innovantes

Pour être performante, une entreprise doit toujours chercher de nouvelles idées.

Dans le Jura, on fabrique traditionnellement du fromage et, en particulier, du comté. Une vache, du lait, du fromage, jusqu'ici rien de très innovant. Même si l'équipement de cette fabrique est très moderne, ce n'est pas l'originalité de cette fromagerie. Montée par de jeunes agriculteurs écologistes, elle n'utilise que des produits biologiques.

Apprendre en chantant, n'est-ce pas le rêve de tout collégien ? Ce rêve est devenu une réalité grâce à l'entreprise de logiciels Ubisoft qui crée des programmes éducatifs originaux. Les créateurs ont moins de trente ans. Ils n'hésitent pas à faire apprendre le théorème de Pythagore ou des règles d'orthographe sur le rythme syncopé du rap.

Méphisto, une affaire qui marche. Qui marche, c'est normal pour une fabrique de chaussures. Mais pas n'importe quelles chaussures ! Toutes les innovations technologiques sont concentrées dans ces chaussures fabriquées en grande partie à la main dans cette usine de Lorraine. De nombreuses personnalités, et non des moindres, Margaret Thatcher, Helmut Kohl et Robert Redford, ont confié leurs pieds sensibles au confort de ces semelles. Le pape lui-même, dit-on, se chausse en Méphisto !

Contrôle-qualité du verre à l'usine de Saint-Gobin.

1. Vrai ou faux ?

1) Le comté est un fromage fabriqué dans le Jura.
2) L'originalité de la fromagerie est son équipement très moderne.
3) Ubisoft crée des livres de mathématiques et d'orthographe.
4) Avec les logiciels d'Ubisoft, les enfants apprennent sur des rythmes de rap.
5) Les chaussures Méphisto sont fabriquées entièrement à la main.
6) Ces chaussures sont surtout originales par leur forme.

2. Répondez aux questions.

1) Quels produits utilise la fromagerie ?
2) Pour qui sont créés les logiciels ?
3) Quel âge ont les créateurs d'Ubisoft ?
4) Citez trois personnalités qui portent des chaussures Méphisto.

3. Et dans votre pays ?

1) Quelles sont les entreprises innovantes ?
2) Quelles sont les branches les plus innovantes ?
3) Qu'est-ce que votre pays exporte le plus et vers quels pays ?

Contrôle-qualité des petits pois.

DOSSIER 9

ÉPISODE 17

DANS LES BOUTIQUES

在时装店

ÉPISODE 18

UNE VOITURE MAL GARÉE...

违章停车

VOUS ALLEZ APPRENDRE À :

- exprimer des états et des habitudes passés
- proposer de l'aide à quelqu'un
- demander l'avis de quelqu'un
- refuser de l'aide (refus aimable)
- exprimer de l'inquiétude et des reproches
- prendre la défense de quelqu'un
- insister
- se justifier, donner une excuse
- calmer l'impatience de quelqu'un

本单元中，你将学会：

- 表达过去的状态和习惯
- 提议向他人提供帮助
- 征求他人意见
- 拒绝他人的帮助（婉拒）
- 表达担忧和责备
- 为他人辩护
- 表达坚持
- 替自己辩护，找借口
- 安抚他人的焦躁情绪

VOUS ALLEZ UTILISER :

- l'imparfait opposé au passé composé
- les réponses *moi aussi, moi non plus, moi si, pas moi*
- les pronoms démonstratifs *celui, celle, ceux, celles, celui-ci, celui-là, celle-ci, celle-là*
- la négation *ne... plus*
- les pronoms interrogatifs *lequel, laquelle, lesquels, lesquelles*
- des expressions de durée

你将使用：

- 与复合过去时相对的未完成过去时
- *moi aussi*，*moi non plus*，*moi si*，*pas moi* 等回答方式
- 指示代词 *celui*，*celle*，*ceux*，*celles*，*celui-ci*，*celui-là*，*celle-ci*，*celle-là* 等
- 否定式 *ne...plus*
- 复合疑问代词 *lequel*，*laquelle*，*lesquels*，*lesquelles*
- 时间段的表达方式

DANS LES BOUTIQUES

在时装店

Découvrez les situations 情景学习

1. Que disent les photos ?

Associez les légendes et les photos.

a Est-ce que Julie va acheter tous ces vêtements ?
b Elle était vraiment mal garée !
c Violaine préfère l'autre robe.
d Elle est mal garée.
e Julie et Violaine cherchent des vêtements.
f Julie, la reine du volant !
g Julie se regarde dans la glace.

2. Faites des hypothèses.

Visionnez l'épisode sans le son.

1) Julie s'est mal garée parce que :
   a elle n'est pas bonne conductrice ;
   b il n'y avait pas d'autre place libre.
2) Violaine accompagne Julie :
   a pour l'aider à choisir ;
   b parce qu'elle aussi achète des vêtements.
3) Violaine et la vendeuse du premier magasin :
   a ne se connaissaient pas ;
   b avaient l'air de se connaître depuis longtemps.
4) Une remorqueuse emporte la voiture de Julie :
   a parce qu'elle est restée garée trop longtemps ;
   b parce qu'il est interdit de se garer sur un passage piétons.

Julie est au volant de sa voiture. Violaine est assise à côté d'elle.

Violaine	C'est la voiture de tes parents ?
Julie	C'est celle de ma mère. Mon père n'aime pas prêter sa voiture.
Violaine	Mon père non plus.
Julie	Regarde ce monde ! On ne peut jamais trouver de place, dans ce quartier !
Violaine	Quand on cherche, on trouve !
Julie	Justement, en voilà une. Je pense que la voiture y rentre.
Violaine	Pas moi. Ou alors tu vas dépasser sur le passage piétons[1].
Julie	Quand on veut, on peut...

La voiture est très mal garée.

Violaine	Dis donc, tu ne dépasses pas un peu ?

Julie regarde.

Julie	À peine. Et arrête de me critiquer. Je me garais très bien en marche arrière quand je préparais mon permis.
Violaine	Oui, le moniteur était sûrement sous le charme...

Elles sont dans une boutique de prêt-à-porter. Julie et Violaine cherchent dans les vêtements posés sur les tables.

Julie — Tu la connais bien, cette boutique ?
Violaine — Oh oui ! J'y venais souvent quand j'étais étudiante. Je trouvais toujours quelque chose de sympa.
Julie — Eh bien, moi, je ne trouve rien !
Violaine — On est là depuis deux minutes ! Tiens, tu sais, mon petit tailleur bleu et blanc, je l'ai acheté ici. Il était sous une pile de vêtements, mais je l'ai trouvé.

Julie et Violaine regardent des robes. Une vendeuse s'approche d'elles.

La vendeuse — Je peux vous aider, mesdemoiselles ? Vous cherchez quelque chose en particulier ?

Julie montre une robe à la vendeuse.

Julie — Je peux l'essayer ?

Violaine prend une autre robe.

Violaine — Tu ne veux pas essayer celle-ci, plutôt ? Je la préfère.
Julie — Pas moi… J'aime mieux celle-là. L'autre est un peu stricte.
Violaine — C'est ce que tu voulais pourtant ! François est jaloux, n'oublie pas…
La vendeuse — Eh bien, essayez les deux. La cabine est libre.
Julie — Non, non, je n'en prends qu'une.

Julie va essayer la robe.

La vendeuse — Vous veniez souvent ici, avant. Je me souviens de vous.
Violaine — Oui, moi aussi, je me souviens de vous. Ça fait longtemps que je ne suis pas venue.
La vendeuse — Vous aviez une autre coiffure.
Violaine — Oui, j'avais les cheveux courts. Vous avez une bonne mémoire.

Julie sort de la cabine. Elle porte la robe. Elle se regarde dans la glace.

Julie — (à Violaine) Comment tu la trouves ?
Violaine — Un peu grande.
Julie — Moi aussi. (à la vendeuse) Vous n'avez pas une taille 36[2] ?
La vendeuse — Non. C'est la dernière. (Elle tend la robe choisie par Violaine.) Mais essayez celle-là. Vous ne risquez rien.
Julie — Non, merci. Je vais réfléchir.

Julie et Violaine se trouvent dans une autre boutique. Julie essaye des vêtements.

Julie — Je ne pensais pas trouver la boutique de mes rêves aujourd'hui !
Violaine — Après tout, ce n'est jamais que la cinquième boutique…
Julie — Excuse-moi, il y a longtemps que je n'ai pas acheté de vêtements.
Violaine — Oui, ça doit faire un mois ou deux…

Julie s'apprête à entrer dans la cabine.

Julie — C'est la dernière boutique. Mes parents m'attendent ce soir, et il faut toujours être à l'heure… chez ses parents.

Julie, plusieurs paquets à la main, retourne à la voiture. Elle n'est plus à sa place, mais sur le plateau d'un camion de la fourrière en train de l'emporter.

Violaine — Ta voiture ! Regarde !
Julie — Oh, mes parents ! Qu'est-ce qu'ils vont dire ?

On voit la remorqueuse de la fourrière s'éloigner.

NOTES 课文注释

1 与其他大城市一样，在巴黎停车也要严格遵守各种规定。在人行道、路口、弯道等禁停区违章停车时，要交数目不小的罚款，甚至还可能会有拖车把车拖到警察局车辆扣押处，从那里取回车辆的费用更是非常昂贵。

2 在法国，女性服装的号码为34到52号，均为偶数。34、36、38属于小号，40、42是中号，44、46及以上的号码为大号。

VOCABULAIRE 词汇表

à peine	*loc.adv.*	一点，几乎不
***(s')apprêter**	*v.pr.*	（+à）准备
après tout	*loc.adv.*	总之，毕竟
arrière	*adv.*	向后
cabine	*n.f.*	小间（试衣间、公用电话间等）
***camion**	*n.m.*	卡车
charme	*n.m.*	魔力
cheveu	*n.m.*	（*pl.* ~x）头发
coiffure	*n.f.*	发型
court, e	*adj.*	短的
critiquer	*v.t.*	批评，指责
dépasser	*v.t.*	超越
dernier, ère	*adj., n.*	最后的（一个）
devoir	*v.t.*	可能，大概，想必
***emporter**	*v.t.*	带走
essayer	*v.t.*	试穿
***fourrière**	*n.f.*	（警察局存放扣押或待领车辆的）存放处
(se) garer	*v.pr.*	（车辆）停放；<俗> 停放车辆
***glace**	*n.f.*	镜子
jaloux, se	*adj.*	嫉妒的
longtemps	*adv.*	长久地，很久
marche	*n.f.*	行驶，航行
marche arrière		倒车
mémoire	*n.f.*	记忆力
mesdemoiselles	*n.f.pl.*	小姐们
monde	*n.m.*	人，人们，众人
moniteur, trice	*n.*	教练员
***paquet**	*n.m.*	包，盒子
particulier, ère	*adj.*	特别的，特殊的
en particulier	*loc.adv.*	特别
permis (de conduire)	*n.m.*	（驾驶）证
piéton, ne	*n.*	步行者，行人
place	*n.f.*	停车位
***plateau**	*n.m.*	（*pl.* ~x）平板车
plutôt	*adv.*	宁可，不如
porter	*v.t.*	穿，戴
***prêt-à-porter**	*n.m.*	成衣时装
prêter	*v.t.*	借给
quelque chose	*pron.indéf.*	某事，某物
réfléchir	*v.t.*	思考
***remorqueuse**	*n.f.*	拖引车
rentrer	*v.i.*	进入
rêve	*n.m.*	梦想
risquer	*v.t.*	冒……危险
robe	*n.f.*	裙子
(se) souvenir	*v.pr.*	（+ de）记得
strict, e	*adj.*	严肃的，正规的
taille	*n.f.*	尺码，大小
tailleur	*n.m.*	西式裙套装
trouver	*v.t.*	认为
vêtement	*n.m.*	衣服
***volant**	*n.m.*	方向盘

ORGANISEZ VOTRE COMPRÉHENSION 17

剧情理解

Observez l'action et les répliques
观察剧情和人物对话

1. Qu'est-ce qu'il s'est passé ?

1) Visionnez avec le son. Vérifiez vos hypothèses précédentes.
2) Trouvez un titre pour chaque événement.
3) Complétez le résumé :

Julie gare sa voiture sur un passage piétons. Julie et Violaine vont faire des courses…

2. Quelle est la réplique ?

Quel personnage dit ces répliques ? Essayez de vous souvenir de la réplique qui suit.

1) Tu ne veux pas essayer celle-ci, plutôt ? Je la préfère.
2) Eh bien, essayez les deux. La cabine est libre.
3) Vous aviez une autre coiffure.
4) Mais essayez celle-là. Vous ne risquez rien.
5) Excuse-moi, il y a longtemps que je n'ai pas acheté de vêtements.

3. Avez-vous une bonne mémoire ?

1) À qui appartient la voiture ?
2) Qu'est-ce que Julie faisait très bien quand elle préparait son permis ?
3) Qu'est-ce que Violaine a acheté il y a déjà longtemps dans la première boutique ?
4) Comment était coiffée Violaine quand elle était étudiante ?
5) Qui Julie doit-elle aller voir ce soir ?

Observez les comportements
观察人物行为

4. Qu'est-ce qu'ils disent ?

1) Retrouvez les répliques des personnages.

2) À chacun des énoncés, associez un des actes de parole suivants.

a Se moquer de quelqu'un.
b S'informer.
c Exprimer une préférence.
d Exprimer son inquiétude.

5. Décrivez leur comportement.

Décrivez les gestes et les jeux de physionomie des personnages qui expriment ou renforcent le sens des énoncés de l'exercice précédent.
描写前一个练习中用来辅助表达的肢体语言和面部表情。

6. Comment le disent-ils ?

Dans les dialogues, trouvez des actes de parole qui expriment :

1) une opinion ;
2) une offre d'aide ;
3) une demande de permission ;
4) un désaccord ;
5) une habitude passée.

DÉCOUVREZ LA GRAMMAIRE

语法学习

1. C'est à qui ?

Vous connaissez bien maintenant Julie, Pascal, Benoît... Dites à qui appartiennent ces objets.
现在你对Julie、Pascal和Benoît已经很熟悉了，说说下面这些东西都是谁的？

Exemple : – C'est le blouson de Pascal ?
– **Non, c'est celui de Benoît.**

2. Trouvez la question.

Posez des questions avec ***lequel, laquelle***...

1) Je préfère la voiture rouge.
2) Elle aime mieux les chaussures à talons.
3) Il lit le roman policier.
4) Je veux vendre le buffet et la table.

3. D'accord, pas d'accord.

Exprimez votre accord ou votre désaccord. Dites à votre voisin(e) lequel des deux objets vous préférez, puis argumentez votre choix. Utilisez : ***je trouve que, j'adore, je déteste***...
表达赞同或反对意见。告诉你的同桌下面每组中的两件物品你更喜欢哪一个。说出你的理由。

Exemple : **– J'aime cette voiture.**
– Pas moi, je préfère celle-là.
Je la trouve trop grande...

指示代词（pronoms démonstratifs）与疑问代词（pronoms interrogatifs）

指示代词

指示代词代替前面出现的名词，可以指代人或物。具体形式为：

	阳性	阴性
单数	celui	celle
复数	ceux	celles

! 指示代词的性、数要与所代替的名词一致。指示代词不能单独使用，后面总是带有“de+名词”或“-ci，-là”等限定成分，如：

– C'est la voiture de tes parents ?
– C'est **celle de** ma mère.
J'aime mieux **celle-là**.

复合疑问代词

复合疑问代词可指人或物，表示对人或物的选择。具体形式为：

	阳性	阴性
单数	lequel	laquelle
复数	lesquels	lesquelles

– Voilà deux stylos. **Lequel** est-ce que vous choisissez, celui-ci ou celui-là ?
– Je choisis celui-ci, celui de gauche, celui de mon ami.

指示代词与复合疑问代词的性、数要与所代替的人或物的性、数保持一致。

– Voici une série de **photos**. **Lesquelles** est-ce que vous voulez garder ?
– **Celles-là**. **Celles** du jardin.

表达同意或不同意

	同意	不同意
– J'aime les voyages.	**– Moi aussi.**	**– Pas moi.**
– Je n'aime pas les voyages.	**– Moi non plus.**	**– Moi si.**

4. Ça fait longtemps ! 好长时间了！

1) Depuis combien de temps les deux jeunes femmes sont dans la première boutique quand Julie dit qu'elle ne trouve rien ?
2) Il y a combien de temps que Violaine n'est pas venue dans la boutique ?
3) Ça fait combien de temps que Julie n'a pas acheté de vêtements ?
4) Il y a combien de temps que Violaine et Julie se connaissent ?

Depuis, il y a ... que, ça fait ... que

表达一段时间，可以用**depuis...**，**il y a...que**或**ça fait...que**。下面三句话表达了同样的意思：

Elle ne les a pas vus **depuis** deux ans.
Il y a deux ans **qu'**elle ne les a pas vus.
Ça fait deux ans **qu'**elle ne les a pas vus.
她有两年没看见他们了。

5. Relevez les imparfaits. 找出未完成过去时。

Dans les dialogues, relevez les exemples d'emploi de l'imparfait. Regardez le tableau ci-contre et dites pour chacun s'il s'agit :
从课文对话中找出使用未完成过去时的例子。参照右侧未完成过去时用法，说出每句话分别表达什么？

– de l'expression d'un fait habituel dans le passé ; 过去习惯性动作；
– de circonstances ; 过去的背景情况；
– d'états passés. 过去的状态。

6. À quoi pensaient-ils ? 他们当时在想什么？

Exemple : Le moniteur pensait – Julie – garer bien.
☞ **Le moniteur pensait que Julie garait bien sa voiture.**

1) Julie ne pensait pas – voiture mal garée.
2) Violaine croyait – robe trop grande.
3) La vendeuse pensait – robe – aller bien.
4) Les parents de Julie croyaient – aller téléphoner.

7. C'était avant ! 是过去的事！

Écoutez la question et répondez.

Exemple : – Tu ne mets plus de costume ?
☞ **– Non, mais j'en mettais avant.**

未完成过去时（imparfait）

未完成过去时的构成

动词直陈式现在时第一人称复数词根 ＋ 下列词尾：

préparer → nous **prépar**ons
→ je prépar**ais** nous prépar**ions**
tu prépar**ais** vous prépar**iez**
il/elle prépar**ait** ils/elles prépar**aient**

connaître → nous connaiss**ons** → je connaiss**ais**
boire → nous buv**ons** → je buv**ais**

! 注意下列动词的特殊形式：

être	j'**ét**ais	nous **ét**ions
manger	je **mange**ais	nous **mang**ions
commencer	**je commenç**ais	nous **commenç**ions
étudier	**j'étudi**ais	nous **étudi**ions
voir	je **voy**ais	nous **voy**ions
faire	je **fais**ais	nous **fais**ions

! 所有动词的未完成过去时的词尾均相同，无特殊变化：j'ét**ais**, tu av**ais**, il all**ait**, nous chant**ions**, vous buv**iez**, ils ven**aient**.

未完成过去时的用法

- 过去的状态，描写过去的情形（常与景色、气氛、环境有关），如：
  J'avais les cheveux longs.
  Je voulais être acteur.
  Il faisait beau.
  Il y avait beaucoup de monde.
  Les invités riaient, bavardaient et changeaient des cartes de visite.

- 过去的背景情况介绍，过去某一个时间正在发生的动作，如：
  Quand je préparais mon permis...
  Au moment où elle sortait...
  Au moment où nous sommes arrivés, il parlait au téléphone.
  Un monsieur traversait la rue quand tout à coup une voiture est arrivée à toute vitesse.

- 过去的习惯（回忆过去和描写过去的习惯），如：
  Je me garais très bien en marche arrière.
  Quand il faisait beau, il sortait dans le parc.
  Quand j'étais petit, j'habitais chez mes grands-parents.
  Avant, quand ils étaient encore amis, ils s'écrivaient tout le temps.

SONS ET LETTRES
音与字母

1. Le e disparaît dans certaines positions !
"e" 在某些位置不发音！

1) Écoutez, relevez les **e** que vous n'entendez pas et répétez. 听录音，找出不发音的字母"e"，然后跟读句子。

① Je ne veux pas de pain.
② Donne-moi un kilo de pommes, mais pas de légumes.
③ Je te l'ai déjà dit.
④ Je me demande s'il y a assez de pain.

2) Dans chaque cas, dites pour quelles raisons le **e** peut être supprimé. 针对每种情况，说出**e**不发音的原因。

2. Le cas de *je*. "je" 的情况。

Observez les phrases et décidez des **e** à supprimer. Prononcez, puis écoutez et répétez. 观察下面句子，找出不发音的字母**e**。读句子，然后听录音并跟读。

1) Je veux te voir.
2) Je prends le train.
3) Je vais chez le médecin.
4) Je fais ce que je peux.

弱化字母e(e caduc)

字母e在下列情况下不发音：

- 在词末，如：
  un(e) bell(e) femm(e) brun(e)
  Tu n(e) veux pas d(e) viand(e) ?
- 在两个辅音之间，如：
  Il n'y a plus d(e) café.
  chez l(e) boulanger
- 如果句子最前面的两个音节中都有e，第一个字母e发音，而第二个字母e不发音，如：
  le p(e)tit homm(e).
  例外情况：J(e) te l'ai dit.

! je在清辅音前读[ʃ]，如：je pars [ʃpar]；je在浊辅音前读[ʒ]，如：je veux [ʒvø]。

COMMUNIQUEZ
语言交际

1. Visionnez les *Variations*.

1) Trouvez une autre situation de proposition d'aide. Formulez l'acte de parole. 设想另外一种提出帮助别人的场景，使用相关表达方式。

2) Quand demande-t-on l'avis de quelqu'un ? 什么时候人们会征求他人的意见？

3) Jouez les situations suivantes avec votre voisin(e).

a Vous cherchez votre chemin sur un plan. Quelqu'un s'arrête et vous offre de l'aide. Vous acceptez et vous remerciez ou vous refusez poliment. 你在地图上寻找路线。有人停下来向你提供帮助。你或者接受他的好意并表示感谢，或者婉言拒绝。

b Vous voulez acheter une voiture. Vous hésitez et vous demandez l'avis d'un(e) ami(e). 你想买辆车，但犹豫不决，于是去征求朋友的意见。

安抚他人的焦躁情绪

1) On est là depuis deux minutes !
2) On vient à peine d'arriver !
3) Ça ne fait pas cinq minutes qu'on est là !
4) Attends ! On arrive.

提议向他人提供帮助

1) – Vous avez trouvé quelque chose ?
– Non, pas encore, je regarde.

2) – Si vous avez besoin d'un conseil, n'hésitez pas…
– Oui, merci bien.

征求他人意见

1) – Comment tu la trouves ?
– Un peu grande.
2) – Elle me va bien ?
– Pas vraiment, elle n'est pas à ta taille.
3) – Elle te plaît ?
– Oui, elle n'est pas mal.
4) – Qu'est-ce que tu en penses ?
– Elle te va très bien.

2. Retenez l'essentiel.

Écoutez et dites :

1) comment était la montre dans la vitrine ;
2) quel en est le prix ;
3) pourquoi la vendeuse ne peut pas faire de remise ;
4) quelle solution elle propose.

3. Un achat difficile.
艰难的购物抉择。

Après ses achats, une dame téléphone à un(e) ami(e) pour lui dire ce qu'elle a vu et acheté. Écoutez le dialogue et jouez la scène du téléphone avec votre voisin(e). Imaginez la couleur, la forme, la longueur de la robe qu'elle a achetée. 一位女士在购物之后给一个朋友打电话，告诉他(她)自己看到的东西和购买的物品。听女士和售货员的对话录音并与同桌表演打电话的场景。想象一下她所买裙子的颜色、样式和长度。

4. On se renseigne. 打听情况。

Un(e) touriste français(e), en visite dans votre pays, vous demande les heures d'ouverture et de fermeture des boutiques. Il/elle veut faire des cadeaux à sa famille et à des amis. Parlez-lui des spécialités et de l'artisanat de votre pays, pour l'aider à choisir ses cadeaux. Indiquez-lui le prix. 一位法国游客在你的家乡旅游，向你询问商店的营业时间。他(她)想给家人和朋友买些礼物。给他(她)讲讲你们那里的特产和手工艺品，并告诉他(她)每种商品的价格，帮他(她)做出选择。

5. Êtes-vous un bon vendeur ?

Vous êtes bon vendeur. Essayez de convaincre les personnages sur les vignettes qu'ils ont fait le bon choix : couleur, forme, taille, mode... Les personnes n'en sont pas convaincues. Jouez la scène avec votre voisin(e). 你是一名优秀的售货员。努力说服上图各个顾客，告诉他们选择的服装的颜色、样式、尺码和款式等都很正确。但那些顾客并不轻易任人摆布。与同桌一起表演对话。

ÉCRIT — Le texte argumentatif
笔 语 —— 议论文

Les Français au volant 方向盘上的法国人

La voiture change de sexe !

L'influence des femmes dans la conception des nouvelles voitures explique la tendance aux formes douces. Pendant une longue période, la voiture a privilégié la puissance et la virilité, mais elle change de sexe pour devenir séductrice. Les clients recherchent maintenant le confort, la douceur, le silence et la simplicité. C'est ce qui explique le succès du concept de monospace (comme l'Espace Renault) typiquement féminin. Cette féminisation de la voiture a conduit les constructeurs à privilégier les aspects pratiques, la facilité de conduite, l'espace pour les enfants, le volume du coffre pour les courses et les tablettes de rangement.

- Il y a 25 millions de voitures en France.
- 80 % des ménages français possèdent une voiture, 30 % deux voitures.
- Il y a 460 voitures pour 1 000 habitants, c'est-à-dire près d'une voiture pour deux habitants.
- Les Français roulent en moyenne 14 000 kilomètres par an, pour un coût moyen annuel de 6 250 euros.
- Plus de 40 % des voitures neuves sont des Diesel : le diesel est toujours moins cher que l'essence.

1. Cherchez la femme ! 找出女性特征！

Relevez dans le texte tous les mots souvent associés au caractère féminin. 从文章中找出所有与女性特征相关的词汇。

2. Quel est l'argument de ce texte ? 本篇文章是如何展开论述的？

1) Qu'est-ce que ce texte veut démontrer ?
2) Trouvez les causes des conséquences suivantes.
   a La tendance aux formes douces.
   b La voiture devient séductrice.
   c Le succès du monospace.
   d Les constructeurs privilégient les aspects pratiques.
3) Quels sont les mots qui, dans le texte, soulignent le rapport cause-conséquence ?
4) Trouvez également :
   a une opposition ; b une illustration.

3. À vos stylos !

Vous n'êtes pas d'accord avec l'argumentation du texte. Écrivez au magazine qui a publié l'article ci-contre pour exprimer votre opinion et exposer votre conception : les femmes ne sont plus qu'une cause parmi d'autres... Inspirez-vous de la construction du premier texte. 你不同意本篇文章的论述，给发表这篇文章的杂志写信，表明你自己的观点和看法：女性只是一个原因……你可以模仿第一篇文章的结构。

Utilisez des arguments comme : 可以从以下几个方面论述：
– l'évolution du goût ; 兴趣的发展变化；
– le souci d'économie ; 节能的考虑；
– des besoins pratiques (les familles partent en vacances ...) ; 实用的需求（如全家人一起去度假）；
– un marché nouveau : les femmes. 新的女性市场。

DES MOTS POUR LE DIRE 17
丰富你的词汇

La voiture 汽车

Les marques françaises

CITROËN

RENAULT

PEUGEOT

Dans une station-service

– Vous voulez le plein d'essence ?

– Oui, donnez-moi 30 litres de sans-plomb.

1. Est-ce que vous connaissez le code de la route français ? 你了解法国的交通法规吗?

1) De quel côté de la route doit-on rouler en France ?

2) Est-ce qu'on peut dépasser une autre voiture à droite ?

3) Qui a la priorité à un rond-point ?

4) Quelle est la vitesse maximum permise :

a sur autoroute ?

b en ville ?

c sur les routes nationales ?

2. Vous voulez vendre votre voiture ? 你想卖车吗?

Lisez les petites annonces suivantes. Puis, composez votre propre annonce. 阅读下面两则启事，然后给自己写一则售车启事。

Particulier vend Renault Mégane Scénic. État neuf. 14 950 €. Tél. : 01 45 30 12 24	**À vendre :** Citroën Berlingo Multispace. Bon état. 35 000 km. 9 450 €. Tél : 04 30 46 22 16

UNE VOITURE MAL GARÉE...

违章停车

Découvrez les situations 情景学习

1. Anticipez. 剧情预想。

1) Après ce qui s'est passé dans le premier épisode, qu'attendez-vous dans le deuxième ? 回想上一集剧情，想象这一集的情形。
2) Est-ce que Julie va récupérer sa voiture ? Julie能要回她的车吗？
3) Comment Julie va-t-elle expliquer son retard à ses parents ? 她将怎么向她父母解释自己迟到的原因呢？

2. Interprétez les photos.

1) Est-ce qu'il est tard quand Julie arrive chez ses parents ?
2) Qu'est-ce que Julie raconte à ses parents ?
3) Pourquoi Julie donne-t-elle les clefs à son père ?
4) Que signifie le panneau sur la dernière photo ?

3. Regardez les images.

Visionnez sans le son et observez.

1) Quelles différences remarquez-vous entre l'appartement des parents de Julie et celui des trois jeunes ? Faites la liste de ce que vous y voyez.
2) Pouvez-vous dire si c'est un appartement ou un pavillon, s'il est situé à Paris ou en banlieue ?
3) Quelle impression vous fait-il ?

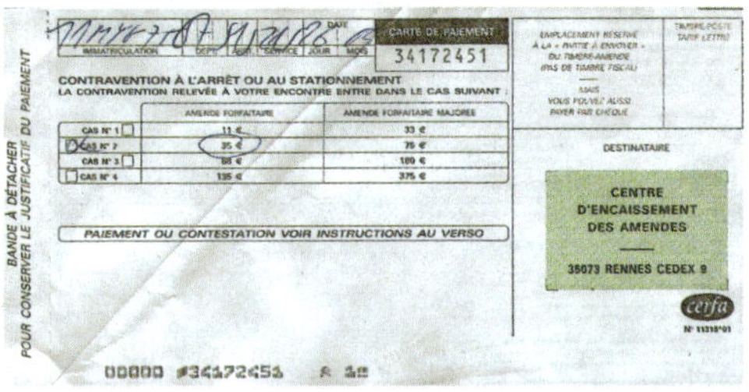
CARTE DE PAIEMENT
34172451
CONTRAVENTION À L'ARRÊT OU AU STATIONNEMENT
LA CONTRAVENTION RELEVÉE À VOTRE ENCONTRE ENTRE DANS LE CAS SUIVANT :

	AMENDE FORFAITAIRE	AMENDE FORFAITAIRE MAJORÉE
CAS N° 1	11 €	33 €
CAS N° 2	35 €	75 €
CAS N° 3	[illegible]	180 €
CAS N° 4	135 €	375 €

PAIEMENT OU CONTESTATION VOIR INSTRUCTIONS AU VERSO
BANDE À DÉTACHER POUR CONSERVER LE JUSTIFICATIF DU PAIEMENT
DESTINATAIRE
CENTRE D'ENCAISSEMENT DES AMENDES
35073 RENNES CEDEX 9
cerfa
00000 #34172451

La mère de Julie ouvre la porte de son pavillon[1]. Julie entre.

Mme Prévost — Mais qu'est-ce qui t'arrive, ça fait deux heures qu'on t'attend !
Julie — Je sais, maman, ce n'est pas de ma faute, je suis désolée.

Julie et sa mère s'embrassent.

Mme Prévost — Tu ne pouvais pas téléphoner ?
Julie — Non. D'où j'étais, je ne pouvais pas.
Mme Prévost — Où étais-tu ?

M. Prévost embrasse sa fille.

Julie — Au commissariat.
M. Prévost — Au commissariat ! Mais qu'est-ce qu'il t'est arrivé ? Rien de grave, j'espère !
Julie — En fait... je n'étais plus au commissariat. J'étais à la fourrière... pour récupérer la voiture.
M. Prévost — La fourrière ! Bravo !
Mme Prévost — Bon. Allez, enlève ton manteau. Assieds-toi. Et raconte-nous. Tu veux boire quelque chose ?

Julie enlève son manteau.

4

5

6

Julie — Plus tard, maman.

Julie et ses parents s'assoient dans le salon.

Julie — Cet après-midi, on était à Saint-Germain-des-Prés[2] avec mon amie Violaine. Il y avait beaucoup de monde. J'ai trouvé une place, mais la voiture débordait sur le passage piétons.

M. Prévost — À Saint-Germain-des-Prés, en voiture, un samedi après-midi ! Tu ne pouvais pas choisir un autre jour ?

Mme Prévost — On ne peut pas faire les courses en semaine quand on travaille.

Julie — Merci, maman, c'est gentil de me défendre.

M. Prévost — Je ne t'accuse pas... Mais enfin... Ta mère te prête sa voiture pour quelques jours et...

Mme Prévost — (lui coupant la parole) N'en fais pas un drame. Ça peut arriver !

M. Prévost — Je sais. D'ailleurs, ça t'est déjà arrivé. Mais je te fais remarquer que, moi, je n'ai jamais eu de problème en trente-cinq ans.

Mme Prévost — Toi, toi, toi... Toujours à donner des leçons ! Bon. Il est tard, alors on se calme et on passe à table.

M. Prévost — (à Julie) Ce soir, où est-ce que tu l'as garée ?

Julie — Devant le garage des Bourgoin. C'est la seule place que j'ai trouvée. Et puis, ils n'ont jamais eu de voiture, alors...

M. Prévost — Alors... donne-moi tes clefs. Je vais la changer de place.

Julie donne les clefs à son père. Il s'en va. Julie reste seule avec sa mère.

Mme Prévost — Allez, mets-toi à table.

Julie — Je n'ai plus faim.

Mme Prévost — Tu connais ton père. Ça fait vingt-cinq ans qu'il râle. Il râlait déjà le jour de notre mariage. Mais il n'est pas méchant. Tu ne veux toujours rien boire ?

Julie — (en souriant) Si, un peu d'eau, s'il te plaît.

~~~

Julie — Il est tard. Bon, je vais rentrer.

Mme Prévost — Non, tu es fatiguée. Couche plutôt ici. Il y a longtemps que tu n'as pas dormi dans ta chambre[3].

M. Prévost — Ta mère a raison. Ça nous fait plaisir.

Julie — D'accord. Je n'ai pas le courage de reprendre la voiture.

~~~

Le lendemain matin, Julie arrive près de la voiture. Elle voit une contravention sur le pare-brise ! Elle lève la tête. La voiture est garée juste sous un panneau d'interdiction de stationner !

Julie — Papa !

NOTES 课文注释

1 Julie的父母住在巴黎郊区的独立小楼住宅区。法国约有56%的家庭住在类似的独立小楼里，其宽敞的空间、配套的花园和车库等，都具有无尽的诱惑力。这种居住方式可谓是大部分法国人的梦想。

2 Saint-Germain-des-Prés位于巴黎第六区，是“左岸”精神的发祥地，是今日巴黎的著名商业和旅游地带。这个街区集聚了品位高雅的商店、咖啡馆、剧院、影院及高等学府，从而吸引了大量当地人和慕名而来的游客，在周六热闹非凡的景象可想而知。然而Julie却选择在这一天驾车去那儿，当然是自寻烦恼！

3 自上世纪80年代初以来，以前人们普遍关注的“代沟”问题似乎不再尖锐突出。相反，越来越多的年轻人不愿离开父母为他们提供的安逸的家庭小窝。法国喜剧电影*Tanguy*反映的就是这一主题。据调查，15至24岁年龄段的人中有85%认为自己与父母关系融洽。

VOCABULAIRE 词汇表

accuser	*v.t.*	指责，控诉，非难
arriver	*v.impers.*	发生
il arrive qch. à qn.		在某人身上发生某事
(se) calmer	*v.pr.*	冷静，镇静
clef	*n.f.*	钥匙
commissariat	*n.m.*	警察局
***contravention**	*n.f.*	违章记录单
coucher	*v.i.*	过夜，宿夜
***couper**	*v.t.*	切，割；切断，打断
d'ailleurs	*adv.*	况且，此外
déborder	*v.i.*	溢出；侵入，越过
défendre	*v.t.*	（为某人）辩护
drame	*n.m.*	悲剧，戏剧
faire un drame de qch.	<俗>	大惊小怪，把事情看得严重
en	*prép.*	(+ temps)（做某事）用……时间
en fait	*loc.adv.*	事实上
enlever	*v.t.*	脱（衣服）
en semaine	*loc.adv.*	在平时
fourrière	*n.f.*	（警察局存放扣押或待领车辆的）存放处
***interdiction**	*n.f.*	禁止，制止
(se) mettre	*v.pr.*	置身于，处于
se mettre à table		入席，坐下吃饭
***pare-brise**	*n.m.inv.*	（车辆前部的）挡风玻璃
***parole**	*n.f.*	话
***pavillon**	*n.m.*	独家小楼；楼阁，亭子
pour	*prép.*	(+ temps) 引出将持续的时间
râler	*v.i.*	抱怨，发牢骚
récupérer	*v.t.*	取回
remarquer	*v.t.*	注意，觉察
reprendre	*v.t.*	（中断后）再继续，重新开始
seul, e	*adj.*	唯一的
***stationner**	*v.i.*	停车
téléphoner	*v.i.*	打电话

剧情理解

Observez l'action et les répliques
观察剧情和人物对话

1. Qu'avez-vous compris ?

Visionnez l'épisode avec le son.

1) Est-ce que vos hypothèses se vérifient ?
2) Trouvez une phrase pour résumer chacun des événements de l'épisode.

2. Qu'est-ce qu'ils disent ?

Dites ce qu'ils disent et ce qu'il s'est passé avant.

Observez les comportements
观察人物行为

3. Avez-vous bien observé ?

1) Quand elle entre chez ses parents, Julie baisse la tête, ne sourit pas, a les yeux baissés. Que signifie cette attitude ?
2) Quand M. Prévost apprend que Julie était au commissariat, il hoche la tête, hausse les sourcils, a un sourire en coin et dit « bravo ». Qu'est-ce qu'il pense ?
3) Quand Mme Prévost dit : « ça peut arriver », elle fronce les sourcils, hausse les épaules. Qu'est-ce qu'elle cherche à faire ?
4) Quand Mme Prévost parle de son mari et dit : « mais il n'est pas méchant », sa fille est près d'elle et elle la prend par les épaules. Les deux femmes sourient. Que suggère leur comportement ?
5) Quand elle trouve la contravention sur le pare-brise de la voiture, Julie pousse un soupir et fait un geste. Qu'est-ce qu'elle pense ?

4. Quelle est la fonction des énoncés ?

À chacun des énoncés, associez un des actes de parole.

1) Mais, qu'est-ce qui t'arrive ?
2) Tu ne pouvais pas choisir un autre jour ?
3) N'en fais pas un drame. Ça peut arriver !
4) Ta mère a raison. Ça nous fait plaisir.

a Paroles d'apaisement.
b Expression d'approbation.
c Expression de reproche.
d Expression d'inquiétude.

5. Quels sont les équivalents ?

Quels énoncés des dialogues les actes de parole suivants peuvent-ils remplacer ?

1) Ça ne m'est jamais arrivé.
2) Tu ne pouvais pas nous prévenir !
3) Tu ne fais que critiquer les autres.
4) Ce n'était vraiment pas le jour !

DÉCOUVREZ LA GRAMMAIRE

语法学习

1. Ils ne pouvaient pas le faire !

Donnez une excuse.

Exemple : Elle était au commissariat. – Téléphoner.
☞ **Elle ne pouvait pas téléphoner.**

1) J'étais avec des amis. – Les laisser.
2) Nous étions sur l'autoroute. – S'arrêter.
3) Nous n'avions pas les clefs. – Rentrer.
4) Stéphanie n'avait pas son permis de conduire sur elle. – Prendre la voiture.

2. Insistez.

Transformez votre demande en reproche.

Exemple : Viens nous voir.
☞ **Tu venais toujours nous voir !**
☞ **Il y a longtemps que tu n'es pas venu(e) nous voir !**

1) Viens manger à la maison.
2) Apporte-nous des bonbons.
3) Passe la soirée avec nous.
4) Parle-nous de ton travail.

3. Qu'est-ce que vous avez fait l'an dernier ?

Citez au moins cinq activités.

Exemple : **Je suis allé(e) souvent au cinéma.**

4. Qu'est-ce que vous faisiez régulièrement l'an dernier ?

Citez au moins cinq activités habituelles.

Exemple : **J'allais au cinéma toutes les semaines.**

未完成过去时与复合过去时的区别

未完成过去时与复合过去时的区别不在于动作性质，而在于说话人的目的是描写一种情形还是记录一个动作的完成。前者可被比作对一张照片的描写，后者则像是一部电影中情节的不停发展变化。同一个动作的表达，既可以用未完成过去时也可以用复合过去时，关键在于它被记载时是作为一种状态，还是一种结果。

试比较：

Quand Michelle s'est réveillée, sa maman **préparait** le petit-déjeuner.（状态）

Quand Michelle s'est réveillée, sa maman **a préparé** le petit-déjeuner.（动作完成）

À l'époque, nous **allions** à la montagne, nous **ramassions** des fruits et en **vendions** après en ville sur le marché.（习惯）

L'été dernier, nous **sommes allés** à la montagne, nous **avons ramassé** des fruits et nous en **avons vendu** après en ville sur le marché.（动作发生）

Avant de se quitter définitivement, ils **s'aimaient, se haïssaient, se retrouvaient** et **se séparaient**.（动作在过去经常发生）

Dans la courte vie de ces deux personnes, ils **se sont aimés, se sont haïs, se sont retrouvés** et **se sont séparés**.（过去做过的事情）

5. Il était triste.

Pour terminer les phrases, mettez les verbes au temps qui convient (imparfait ou passé composé).

1) Quand il (arriver)............, il (porter)............ un costume sombre.
2) Quand il (entrer)............, il (tenir)............ son chapeau à la main.
3) Quand il (s'asseoir)............, il (avoir)............ les yeux fixes.
4) Quand il (se mettre)............ à parler, sa voix (être)............ triste.
5) Quand il (partir)............, il (pleurer)............ .

6. Que se passait-il ?

Complétez le texte. Mettez les verbes entre parenthèses au temps qui convient.

Ça (faire)............ une heure qu'elle le (attendre)............ et il ne (arriver)............ pas ! Il (faire)............ presque nuit. Elle se (demander)............ ce qui se (passer)............. Elle ne (vouloir)............ pas quitter le lieu de leur rendez-vous. Elle (savoir)............ qu'il (aller)............ venir. Mais elle (être)............ inquiète. Qu'est-ce qui (pouvoir)............ bien se passer, (se demander)............ -t-elle. Il ne (avoir)............ pas l'habitude de la faire attendre. Il (avoir)............ certainement un problème. Il (se tromper)............ de jour, (penser)............ -elle, ou d'heure. Ou bien encore sa voiture (tomber)............ en panne et il ne peut pas me téléphoner.

7. C'était interdit !

Écoutez et faites correspondre les trois dialogues avec les panneaux d'interdiction.

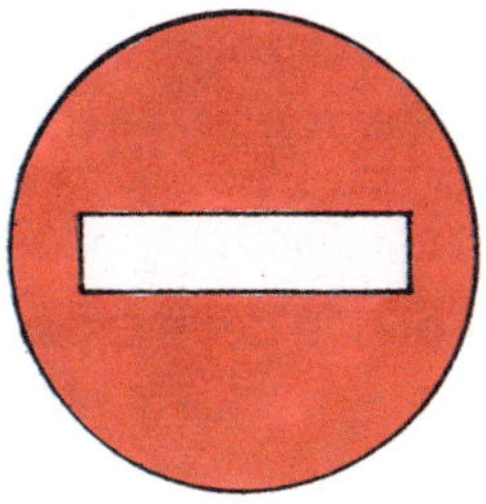
a

b

c

8. Ils ne le font plus !

Ces gens avaient pris des habitudes, mais ils en ont changé...

Exemple : Ils allaient souvent au cinéma.
☞ **Maintenant, ils n'y vont plus.**

1) Vous partiez souvent à la campagne.
2) Elles déjeunaient au restaurant de leur entreprise.
3) Tu voyais beaucoup d'amis.
4) Ils faisaient beaucoup de randonnées.
5) Vous faisiez du sport régulièrement.

否定式ne... plus

Ne... plus 标志过去某个动作的结束，与encore、toujours相对。

– Tu achètes encore beaucoup de vêtements ?
– Non, je **n'**en achète **plus**.

Il sortait souvent le soir, mais maintenant il **ne** sort **plus**.

SONS ET LETTRES
音与字母

1. Lesquels supprimer ? 哪些是可以划掉的？

1) Lisez les textes et barrez les **e** que vous pouvez supprimer. 读下面短文，划去不发音的字母**e**。

a Je vais le voir demain. Je lui dirai ce que tu m'as dit parce que je veux le prévenir de ce qui le menace. Je te verrai plus tard et je te raconterai ce qu'il me dira.

b Je me lève tôt le matin, je me rase, je me lave et je prends le petit déjeuner dans la cuisine. Ensuite, je retourne me préparer. Je m'habille et je sors de chez moi.

2) Écoutez. Aviez-vous oublié des **e** caducs ? 听录音。你漏掉不发音的字母**e**了吗？

弱化字母e

- 在命令式动词后面的代词le中，字母e发[ø]，如：Prononcez-**le**. Donne-**le**.
- 在"辅辅 + e + 辅"结构中，字母e发[ə]，如：avec **le** stylo, sur **le** piano.

2. Transformez. 变换句型。

Lisez les questions et les réponses, puis écoutez l'enregistrement.

1) – Je le donne ? – Oui, donne-le.
2) – Je le prends ? – Oui, prends-le.
3) – Je le mange ? – Oui, mange-le.
4) – Je le cherche ? – Oui, cherche-le.
5) – Je le mets ? – Oui, mets-le.

3. Il y a trois consonnes ! 有三个辅音。

Prononcez, puis écoutez l'enregistrement.

1) Fais ce que tu veux.
2) Mets-le sur le piano.
3) Passe par le parc.
4) Je te le donne pour le directeur.
5) Prends-le avec le sac.

COMMUNIQUEZ
语言交际

1. Visionnez les *Variations*.

1) Imaginez d'autres situations d'utilisation de ces *Variations*.
Par exemple : vous avez rendez-vous avec un(e) ami(e) à 8 heures. Il/elle arrive à 9 h 30.

2) Jouez les situations ci-dessous avec votre voisin(e).

a Vous arrivez en retard à une réunion. On vous en fait le reproche. Vous donnez une excuse.
你开会迟到了。面对别人的责怪，你需要给出一个解释。

b Votre ami(e) n'est pas venu(e) au rendez-vous et ne vous a pas téléphoné pour vous prévenir. Vous avez attendu pendant une heure et vous êtes parti(e). Vous êtes en colère. Vous lui téléphonez.
你的朋友失约却没有打电话通知你。你等了他（她）一个小时之后离去。你很生气并给他（她）打电话。

表达担忧、责备，找借口

1) – Mais qu'est-ce qui t'est arrivé ? Ça fait deux heures qu'on t'attend !
– Excuse-moi, je n'ai pas pu faire autrement.
2) – Tu as vu l'heure qu'il est ?
– Je sais, maman, ce n'est pas de ma faute, je suis désolée.
3) – On commençait à se faire du souci !
– Je m'en doute, mais je n'ai pas pu vous prévenir.
4) – Mais où étais-tu passée ?
– Il m'est arrivé une histoire !...

为他人辩护

1) N'en fais pas un drame. Ça peut arriver !
2) Tu ne vas pas en faire une histoire !
3) Ça ne t'est jamais arrivé à toi, peut-être !
4) Il ne t'arrive jamais rien à toi !

委婉地坚持

1) Ta mère a raison, ça nous fait plaisir.
2) Oui, reste avec nous.
3) Mais oui, on ne te voit pas si souvent !
4) Oui, reste. On est heureux de t'avoir.

3) Votre ami(e) a acheté un vêtement mais découvre qu'il/elle n'a pas assez d'argent pour le payer… Vous lui proposez de lui prêter de l'argent. Il/elle refuse l'aide offerte dans un premier temps, puis l'accepte. 你的朋友看中了一件衣服，但尴尬地发现自己身上的钱不够。你提出借钱给他（她），他（她）起初拒绝最后还是接受了。

2. Une drôle de journée. 奇怪的一天。

Une jeune femme rentre chez elle, en retard et de mauvaise humeur. Son mari l'interroge sur sa journée. Elle lui raconte. Lui ne semble pas très content. Regardez les dessins et jouez la scène à deux.

一个年轻妻子很晚才回家，并且情绪很糟。她丈夫问她一天的情况。听了她的讲述之后，她丈夫似乎有点生气。看下面图片表演对话。

3. Scène de rue.

Écoutez la conversation et trouvez une façon :

1) de faire des reproches ;
2) de prendre la défense de quelqu'un ;
3) de calmer l'irritation de quelqu'un ;
4) de s'excuser et de donner une raison.

4. Au commissariat.

Vous avez garé votre voiture dans une rue. Vous revenez la chercher mais elle n'est plus là. Vous allez au commissariat du quartier pour savoir ce qu'elle est devenue. Peut-être l'a-t-on volée ? Si on ne l'a pas volée, où est-elle ? Imaginez la scène entre le policier et vous et jouez-la avec votre voisin(e).

你把车停在了某条街上。当你回来找的时候发现车不见了。你去警察局询问车的下落。也许是车被偷了？如果不是，那它会在哪儿呢？想象你和警察的对话，并与你的同桌表演。

CIVILISATION
文化点滴

Un grand couturier

Le défilé Nina Ricci, printemps-été 1998.

Depuis plus de dix ans, Christian Lacroix séduit les femmes et étonne le monde de la haute couture. Il a apporté, dans ses créations, les couleurs et la gaieté de la Provence, sa région natale.

Aujourd'hui, c'est le grand jour. Nous sommes dans les coulisses du défilé et Christian Lacroix est partout. Il surveille, il retouche, il s'angoisse aussi. Mais le grand moment est arrivé, le premier mannequin entre en scène. Laissons ces robes et ces pantalons, ces soies et ces dentelles nous charmer…

Voilà, le défilé se termine. Christian Lacroix, au bras de la traditionnelle mariée et suivi de tous ses mannequins, vient saluer son public.

Instant d'émotion, instant magique… La foule l'applaudit et nous rappelle que la haute couture reste toujours un des fleurons de la France.

1. Dans quel ordre ?

Mettez les séquences dans l'ordre.

- **a** Présentation des modèles.
- **b** Vue des spectateurs assis.
- **c** Préparation du défilé.
- **d** Christian Lacroix au bras de la mariée.
- **e** Le premier mannequin apparaît.

2. Que fait Christian Lacroix ?

Dites ce qu'il fait avant, pendant et à la fin du défilé.

1) Il maquille lui-même un des mannequins.
2) Il retouche un détail du bras d'une robe.
3) Il surveille le défilé.
4) Il monte sur l'estrade avec le premier mannequin.
5) Il prend le bras de la mariée.

3. Et dans votre pays ?

1) Qui s'intéresse à la haute couture ?
2) Y a-t-il des grands couturiers ? Lesquels ?

LA HAUTE COUTURE

Malgré la concurrence, la haute couture française conserve tout son prestige. Le renom des Yves Saint-Laurent, Christian Lacroix, Thierry Mugler, Jean-Paul Gauthier, n'est plus à faire. Et la profession n'hésite pas à faire appel à des stylistes talentueux d'origine étrangère, Karl Lagerfeld chez Chanel et John Galliano chez Dior…

Le parfum mythique de Chanel, numéro 5, est toujours le plus célèbre : un flacon est acheté toutes les 30 secondes !

Hermès a inventé, il y a déjà cinquante ans, un fameux foulard : 70 grammes de soie pour 90 centimètres carrés. On en vend 2 740 par jour !

DOSSIER 10

ÉPISODE 19

PASCAL ET LE FILS DE LA BOULANGÈRE
Pascal和面包店女主人的儿子

ÉPISODE 20

C'EST LE MEILLEUR !
你是最好的!

VOUS ALLEZ APPRENDRE À :
- comparer
- donner des conseils et des directives
- exprimer le doute et le désaccord
- exprimer du mécontentement
- s'inquiéter de l'état de quelqu'un
- encourager quelqu'un
- exprimer de l'étonnement
- exprimer l'obligation et la probabilité
- faire patienter quelqu'un

VOUS ALLEZ UTILISER :
- des comparatifs réguliers et irréguliers
- des superlatifs réguliers et irréguliers
- *déjà, pas encore*
- l'article défini devant les parties du corps
- le verbe *devoir* + infinitif

本单元中，你将学会：
- 怎样进行比较
- 提出建议与发出指令
- 表达怀疑与异议
- 表达不满
- 对某人的身体状况表示担心
- 鼓励他人
- 表达惊讶
- 表达必须与可能
- 让他人等候

你将使用：
- 比较级的规则与不规则形式
- 最高级的规则与不规则形式
- *déjà, pas encore*
- 定冠词在身体部位名词前的用法
- 情态动词 *devoir* + 动词不定式

PASCAL ET LE FILS DE LA BOULANGÈRE

Pascal 和面包店女主人的儿子

Découvrez les situations 情景学习

1. Interprétez les photos.

1) Cet épisode se situe dans trois lieux différents. Lesquels ?
2) D'après vous, pourquoi Pascal est-il avec le jeune garçon ?
3) Quel est le sport pratiqué par les garçons ?

2. Regardez les images.

Visionnez l'épisode sans le son et dites :

1) d'où vient Benoît quand il arrive avec une baguette et des croissants ;
2) ce que font Pascal et Éric dans le salon ;
3) si Pascal encourage le jeune garçon pendant son match de judo ;
4) pourquoi le professeur et les jeunes sportifs se saluent.

3. Êtes-vous observateur ?

Est-ce que vous avez vu les objets suivants ?

une télévision

des rideaux

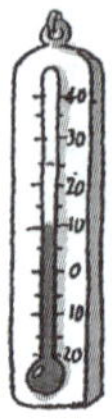
un thermomètre

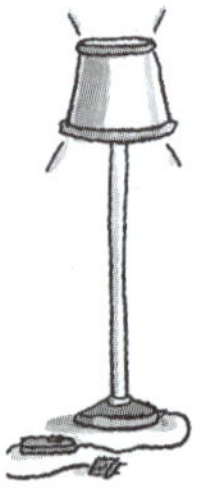
un lampadaire

un miroir

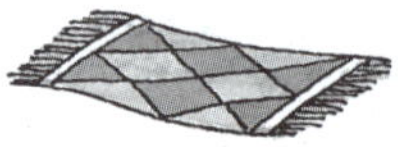
un tapis

1

2

3

Un mardi matin, Julie est dans la cuisine. Benoît entre. Il tient une baguette à la main, ainsi qu'un sac en papier. Il le pose sur la table.

Julie — Hum ! Des croissants pour le petit déjeuner. Il y avait longtemps !…
Benoît — C'est un cadeau de la boulangère.
Julie — C'est gentil !
Benoît — Je crois que c'est plus intéressé que gentil !
Julie — J'ai compris. Elle a encore besoin de Pascal.

Benoît retire son manteau.

Benoît — Exactement. Ils ont un problème pour faire garder leur fils demain.
Julie — Ah, le champion !
Benoît — Pourquoi tu dis ça ?
Julie — Il est fort en tout !

Pascal arrive dans la cuisine. Benoît met la table.

Pascal — Vous êtes en train de parler de moi ?
Benoît — Non. Du petit Éric, le fils de la boulangère.
Pascal — Qu'est-ce qu'il a fait ?
Benoît — Rien. Mais tu dois appeler sa mère. Elle a besoin de tes services demain, pour toute la journée[1].
Pascal — Ils ne pouvaient pas prévenir plus tôt…

Le lendemain, Pascal et Éric, une dizaine d'années, sont dans le salon. Éric est en train de jouer à un jeu vidéo. Pascal lit une rédaction d'Éric. Il s'arrête de lire et se tourne vers Éric.

Pascal	Elle n'est pas mal du tout, ta rédaction. Tu as fait des progrès. Tu fais moins de fautes et ta construction est plus logique qu'avant.

Éric n'a pas l'air d'entendre.

Pascal	Tu peux arrêter ton jeu ?
Éric	Plus tard. Je vais battre un record !
Pascal	Alors, mets le son moins fort. N'oublie pas, c'est dans une demi-heure que tu as ton cours de judo[2].
Éric	Je n'ai pas envie d'y aller.
Pascal	Il y a une heure, tu voulais y aller. Tu as changé d'avis ?
Éric	Oui.

Pascal se lève tranquillement et va éteindre la télévision.

Pascal	On travaille, ensuite on va au judo et cet après-midi on fait ce que tu veux. D'accord ?

Plusieurs enfants en kimono et quelques adultes sont installés autour de la salle.

Éric	Tu vois, le grand brun, là-bas, il a le même âge que moi et il gagne tous ses combats. C'est vraiment le plus fort !
Pascal	(étonné) Non, il n'a pas ton âge. Il est presque aussi grand que moi.
Éric	Je t'assure. C'est le plus grand de la classe.
Pascal	(en plaisantant) Et toi, tu n'es pas le plus petit de ta classe ?
Éric	Non, je ne suis pas le plus petit de ma classe.
Pascal	Tu es le moins grand, alors ?

Éric hésite une seconde. Il hausse légèrement les épaules.

Éric	C'est la même chose !
Pascal	Dis donc, moi je ne connais rien au judo, tu peux m'expliquer ? À quoi correspondent les couleurs de ceintures ?
Éric	Alors, ça, c'est facile. Alors, la ceinture blanche, c'est le niveau le plus bas. Et la ceinture noire, le niveau le plus haut.
Pascal	Et entre les deux ?
Éric	Entre les deux, il y a les ceintures jaune, orange, vert, bleu et marron.

Pascal regarde la ceinture d'Éric.

Pascal	Tu es ceinture orange. Il ne te manque que trois ceintures pour être un champion.
Éric	C'est les plus difficiles à avoir !
Pascal	Il y a longtemps que tu as commencé ?
Éric	J'en fais depuis trois ans seulement.
Le prof	Allez ! On y va !

Éric se lève.

Éric	Bon, ben, c'est mon tour.
Pascal	Vas-y ! C'est toi le plus fort !

On voit quelques secondes de cours entre Éric et le professeur. Puis, Éric se retrouve sur le sol.

On assiste au salut entre le professeur et les élèves. Puis Éric revient près de Pascal.

Pascal	Il a l'air bon, ce prof.
Éric	Oui, c'est le plus sympa des profs d'ici. Tu trouves ça bien, toi, le sport ?
Pascal	Oui, c'est très important dans la vie.
Éric	Et tu en fais beaucoup, toi, du sport ?
Pascal	J'en faisais beaucoup au lycée. J'en fais moins, mais je ne suis pas le plus nul !
Éric	Ça me donne une idée…

NOTES 课文注释

1 为了维持正常的生活，许多待业青年想办法做各种“临时工”。Pascal也不例外。就算工作性质不符合他的专业和爱好，他也总是“来者不拒”。类似的“临时工”在法国颇成气候，如看小孩、照顾老人、送货上门等家政服务发展趋势相当强劲。

2 在媒体宣传、体育品牌的魅力和体育明星模仿效应的共同作用下，越来越多的法国青少年至少从事一项体育运动。无论是在学校还是在居住的街区，人们都可以找到满足自己爱好的俱乐部。同时，供选择的运动项目的种类也越来越丰富：传统的有游泳、长跑，现代的有攀岩、马术，以及充满异国风情的柔道、武术、瑜伽，等等。

VOCABULAIRE 词汇表

adulte	*n.* 成年人
assurer	*v.t.* 保证
avis	*n.m.* 意见，见解
bas, sse	*adj.* 低的
battre	*v.t.* 打败，战胜
cadeau	*n.m.* （*pl.* ~x）礼物
ceinture	*n.f.* 腰带，皮带
champion, ne	*n.* 冠军
classe	*n.f.* 班
combat	*n.m.* 格斗；战斗
construction	*n.f.* 结构，构造
correspondre	*v.t.ind.* （+à）与……对应
couleur	*n.f.* 颜色
croissant	*n.m.* 牛角面包，羊角面包
devoir	*v.t.* 应该，必须
envie	*n.f.* 欲望，愿望
***éteindre**	*v.t.* 关（电灯、电视机、手机等）
exactement	*adv.* 正确地
fort, e	*adj.* （+en）在某方面很优秀
gagner	*v.t.* 赢得
garder	*v.t.* 照管，照料
haut, e	*adj.* 高的
intéressé, e	*adj.* 有所图的，谋求私利的
***kimono**	*n.m.* 和服
logique	*adj.* 有逻辑的
lycée	*n.m.* 高中
manquer	*v.i.* 缺少
marron	*n.m.* 栗子
	adj.inv. 栗色的
niveau	*n.m.* （*pl.* ~x）水平
nul, le	*adj.* 无能的
orange	*n.f.* 橙，柑，桔
	n.m., adj.inv. 橙色(的)，橘黄(的)
***papier**	*n.m.* 纸
presque	*adv.* 几乎
prévenir	*v.t.* 通知，告诉
***professeur**	*n.* 老师，教师（prof为缩略语，用于口语）
progrès	*n.m.* 进步
record	*n.m.* 记录
rédaction	*n.f.* 写作
***retirer**	*v.t.* 脱掉，取下
service	*n.m.* 服务
son	*n.m.* 声音

ORGANISEZ VOTRE COMPRÉHENSION 19

剧情理解

Observez l'action et les répliques

观察剧情和人物对话

1. Qu'avez-vous compris ?

Visionnez l'épisode avec le son.

1) Au début de l'épisode, Pascal demande si on parle de lui. Quel mot a-t-il entendu ?
2) Qui éteint la télévision ? Pourquoi ?
3) Quelle est la couleur de la ceinture de judo d'Éric ?
4) Qui est, d'après Éric, le plus fort de la classe ?
5) D'après vous, quelle est l'idée d'Éric à la fin de l'épisode ?

2. Quel est l'ordre des événements ?

1) Éliminez les événements qui n'apparaissent pas à l'écran et mettez les autres dans l'ordre.
2) Reliez les phrases pour en faire un texte.

a Éric fait du judo avec son professeur.
b Pascal fait travailler Éric.
c Éric bat Pascal au judo.
d Pascal doit aller garder le fils de la boulangère.
e Éric va éteindre la télévision.
f Pascal et Éric arrivent dans la salle de judo.
g Éric explique les règles du judo à Pascal.

3. C'est dans le dialogue.

Parmi les expressions suivantes, dites lesquelles sont dans le dialogue.

1) a Tu dois aller travailler chez elle, demain.
   b Elle a besoin de tes services, demain.
2) a Tu as changé d'avis ?
   b Tu ne veux plus, maintenant ?
3) a C'est exactement pareil !
   b C'est la même chose !
4) a C'est indispensable dans la vie.
   b C'est très important dans la vie.

Observez les comportements

观察人物行为

4. Qu'est-ce qu'ils expriment ?

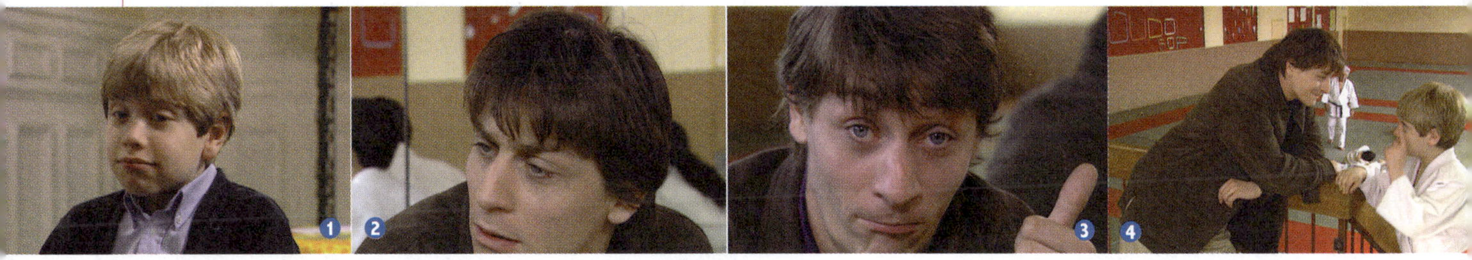

5. Avez-vous remarqué ?

À chacun des énoncés ci-dessous, associez un des actes de parole.
Décrivez chaque fois les gestes et les jeux de physionomie qui éclairent ou renforcent le sens.

1) Je crois que c'est plus intéressé que gentil !
2) Ils ne pouvaient pas prévenir plus tôt...
3) Tu fais moins de fautes et ta construction est plus logique qu'avant.
4) À quoi correspondent les couleurs des ceintures ?
5) Vas-y ! Sois le plus fort !

a Demande d'explication.
b Expression de critique.
c Expression d'encouragement.
d Expression d'appréciation.
e Expression d'irritation.

1. Dites-le autrement.

Expliquez ces expressions populaires grâce à une phrase au comparatif d'égalité.

Exemple : Il est fort comme un Turc.
☞ **Il est aussi fort qu'un Turc.**

1) Cet homme est malin comme un singe.
2) Il est doux comme un agneau.
3) Ce garçon court comme un lièvre.
4) Cet accusé est blanc comme neige.
5) Cette histoire est longue comme un jour sans pain.

2. Avantages et inconvénients.

Considérez les trois annonces ci-dessous.

1) Faites la liste des avantages et des inconvénients de chaque proposition.
2) Comparez les trois possibilités.
3) Faites un choix en fonction de vos goûts et de vos possibilités et justifiez-le.

3. Comparez-les.

Comparez ces animaux entre eux.
Faites cinq phrases avec des comparatifs.

Exemple : **Le kangourou saute plus haut et plus loin que le léopard.**

1) Le kangourou saute très haut et très loin.
2) Le léopard court très vite et très longtemps.
3) La tortue vit très vieille et se déplace très lentement.
4) L'éléphant mange beaucoup et fait peur aux autres animaux.

4. Comment est-ce qu'ils partent ?

Comparez les moyens de transport utilisés par les Français pour partir en vacances. Imaginez les raisons de leurs choix. Utilisez des comparatifs. 比较法国人度假出行时使用的交通工具。想象一下，他们选择某种交通工具的理由。注意使用比较级。

Exemple : **Quand on va très loin, il vaut mieux prendre l'avion.**
L'avion est le plus rapide (des moyens de transport).

En voiture !

Part des différents modes de déplacement pour les vacances d'été 1995 (en %) :

	Ensemble des séjours
Voiture	78,3 %
Avion	5,1 %
Train	10,2 %
Autocar	3,1 %
Autre	3,3 %

Ministère du Tourisme/Sofres.

形容词与副词的比较级(comparatif)

法语中形容词与副词按照其使用情况分为比较级与最高级。从比较的对象来看，比较级与最高级可分为“质量”和“数量”两类。

● 比较质量：比较事物的品质（形容词）或动作完成的质量（副词），其基本构成如下：

比较对象	形容词	副词
原级	fort	vite
较低	**moins** fort	**moins** vite
同级	**aussi** fort	**aussi** vite
较高	**plus** fort	**plus** vite

如：

Éric est { **moins** / **aussi** fort **que** Pascal. / **plus** }

Il court { **moins** / **aussi** vite **que** Pascal. / **plus** }

● 比较数量：比较事物或动作发生的数量及频率，是在数量副词短语beaucoup de和数量副词beaucoup的基础上构成的：

比较对象	名词	动词
原级	**beaucoup de** fautes	lire **beaucoup**
较低	**moins de** fautes	lire **moins**
同级	**autant de** fautes	lire **autant**
较高	**plus de** fautes	lire **plus**

如：

Éric fait { **moins de** / **autant de** fautes **que** Pascal. / **plus de** }

Il lit { **moins** / **autant que** Pascal. / **plus** }

! 不要受中文影响，将上列概念误译为“~~plus beaucoup~~”、“~~aussi beaucoup~~”或“~~moins beaucoup~~”。

! 比较名词数量时，注意不要忘记介词de。

! 形容词仍然有性数配合。

连词que引导被比较的第二成分，被比较的对象可以是名词、代词或其他短语。如：

La France est plus grande **que la Suisse**. (名词)

Les élèves de cette classe sont plus travailleurs **que les autres**. (代词)

On mange plus de riz en Asie **qu'en Europe**. (地点状语)

Il fait plus chaud aujourd'hui **qu'il y a dix ans**. (时间状语)

Certaines personnes ne parlent pas aussi poliment avec les autres **qu'avec leur patron**. (介宾短语)

在语境明确的情况下，不使用第二成分也能表达比较。如：

Tu es fatigué, d'accord. Mais moi, je suis **plus fatigué**.

Cette chemise coûte cher. Mais l'autre ne coûte pas **moins cher**.

5. C'est la même chose ?

Dites-le autrement. Utilisez : ***sûr – cher – âgé – difficile – fort.***

Exemple : Tu es le plus petit.
☞ **Oui, c'est vrai, je suis le moins grand.**

1) Tu es le plus jeune.
2) Tu es le plus nul.
3) C'est le plus facile.
4) C'est la solution la plus économique.
5) C'est le moyen de transport le plus dangereux.

形容词与副词的最高级(superlatif)

最高级的构成十分简单，只需在比较级的plus或moins前加上定冠词即可。用来说明比较范围的补语成分用介词de或parmi等引导。

Les Français sont **les plus romantiques de** toutes les populations du monde.

Parmi les garçons, Paul va **le moins souvent** à la piscine.

C'est Pascal qui a { **le moins d'**argent. / **le plus** }

Qui travaille **le plus parmi** ces agents de voyage ?

最高级也可以用在两个人或物的比较中。

Éric est **le plus fort** des deux.

Des deux, c'est Éric qui court **le plus vite.**

形容词最高级前的定冠词有性数变化。

Le léopard est **le plus rapide** des animaux.

Catherine est **la plus bavarde** des filles.

在少数情况下，形容词最高级前的定冠词由主有形容词代替，并省略补语。如：

Nathalie est **ma plus grande** amie.

Ce sont **mes plus belles** photos.

如果形容词的音节较长(两个或两个以上)，习惯要求将其最高级放在相关名词之后，并重复冠词。如：

Le Café de Flore est **le café le plus connu** de Paris.

C'est **le roman le plus ennuyeux** de cette année.

Les plaisanteries les plus courtes sont les meilleures.

6. Ils peuvent ou ils doivent ?

Remplacez si possible le verbe ***pouvoir*** par le verbe ***devoir***.

1) Tu peux me rendre un service ?
2) Vous pouvez aider vos parents quand ils sont vieux.
3) Elles peuvent dormir à la maison, si vous voulez.
4) Nous pouvons respecter les règlements.
5) Tu peux téléphoner à ta mère pour son anniversaire.

7. Qu'est-ce qu'ils devaient faire ?

Qu'est-ce que vous-même ou des gens de votre entourage familial, amical ou professionnel, devaient faire ces derniers temps et n'ont pas encore fait ou pas pu faire ? 你自己或你的亲朋好友、同事最近应该做什么事，但没有做或未能做？

Exemple : – **Des amis devaient venir chez nous hier soir.**
– **Ils n'ont pas pu venir.**

情态动词devoir

同pouvoir和vouloir一样，动词devoir后跟动词不定式。动词devoir可以表达：

- 必须做的事情
  Je **dois** les rencontrer.
  Tu **dois** me téléphoner.
- 较大的可能性
  Il **doit** venir nous voir cet après-midi.
  Il **devait** téléphoner. (Il ne l'a pas fait).

SONS ET LETTRES · consonnes sourdes et consonnes sonores

音与字母 · 清辅音与浊辅音

1. Opposition [s] et [z].

Écoutez et répétez.

2. Opposition [ʃ] et [ʒ].

1) Écoutez et dites si le son [ʒ] est dans la première ou dans la deuxième phrase.

2) Écoutez de nouveau et répétez.

3. Prononcez les phrases suivantes.

1) Je te vois tous les jours.
2) Je ne sais rien de plus.
3) C'est ce que vous m'avez dit.
4) Je t'ai dit de ne pas y aller.
5) Je le sais parce que tu l'as dit.

COMMUNIQUEZ
语言交际

1. Visionnez les *Variations*.

1) Dans quelle situation est-ce que Pascal se plaint des boulangers ? 在什么情境中Pascal抱怨面包店老板?

2) Jouez les situations suivantes avec votre voisin(e).

a Vous téléphonez à un(e) ami(e) à une heure pour lui demander de sortir avec vous à trois heures ! Il/elle est un peu mécontent... 下午一点钟你给一个朋友打电话，要他(她)三点钟和你一起出去。他(她)有点儿不高兴。

b Un(e) ami(e) affirme une chose incroyable. Marquez votre étonnement. 一个朋友肯定了一件令人难以置信的事情。表达你的惊讶。

c Vous êtes dans la salle d'attente d'un médecin. Il y a très longtemps que vous attendez. Vous allez exprimer votre mécontentement à la secrétaire. 你在医生的候诊室里已经等了很久，你对秘书表示不满。

2. C'est dans le règlement.
按章办事

Écoutez et dites si chaque article du règlement de ce club sportif est une obligation, une permission ou une interdiction. Relevez les expressions correspondantes. 听录音，说出健身俱乐部规章制度的各个条款说的是义务、允许还是禁止。找出相应的表达法。

3. Où passer les vacances ?
上哪儿度假?

Vous allez passer quinze jours de vacances au bord de la mer. Vous avez le choix entre les trois hôtels suivants. Vous discutez avec votre mari/femme pour savoir dans quel hôtel vous voulez aller et pourquoi. Argumentez. 你打算去海边度假，在那儿住上两个星期。你有下面三个酒店可以选择。你和你的丈夫(妻子)讨论入住哪个酒店。表演对话，别忘了论证你的观点。

Hôtel	Miramar	Excelsior	de la Plage
Catégorie	**	**	***
Nombre de chambres	25	40	30
Prix	43 €	61 €	69 €
Confort	Moyen	Bon	Très bon
Situation	Centre ville	Vue jardin	Vue mer
Restaurant	Non	Oui	Oui
Garage	Non	Oui	Non

表达不满

1) Ils ne pouvaient pas prévenir plus tôt...
2) Me dire ça la veille ! Ils exagèrent !
3) C'est maintenant qu'ils me préviennent !
4) Me prévenir au dernier moment !

让他人等候并给出理由

1) Plus tard. Je vais battre un record !
2) Pas maintenant. Laisse-moi terminer ma partie.
3) Tout à l'heure. Il n'y en a plus pour longtemps !
4) Attends un peu. C'est presque fini.

表达惊讶

1) Non, il n'a pas ton âge. Il est presque aussi grand que moi.
2) Ce n'est pas possible !
3) C'est incroyable !
4) Tu me racontes des histoires !

4. Ils ont d'autres habitudes. 他们的习惯不同。

Avec votre voisin(e), vous comparez votre genre de vie (horaires, habitudes alimentaires et vestimentaires, types de loisirs) avec ce que vous connaissez de la vie quotidienne en France.
与你同桌一起，把中国人的生活方式（如作息时间、饮食和衣着习惯及娱乐消遣）同你所知道的法国人的生活方式作一下比较。

Exemple : – Ils consomment beaucoup de pain.
– Oui, ils consomment plus de pain que nous/nous consommons moins de pain qu'eux.

Le budget des Français

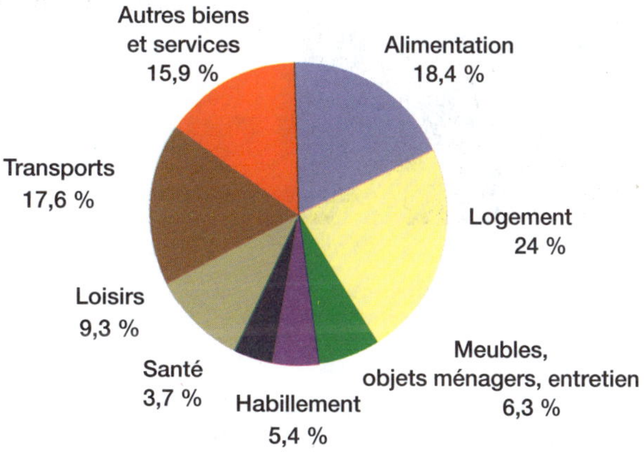

Un paradis pour touristes : la région Midi-Pyrénées

旅游者的天堂：南比利牛斯地区

Le château de Castelmare.

La Gascogne

Il fait bon y vivre… et y manger. Ses villages fortifiés et ses châteaux vous rappellent la brillante histoire de ses cadets, et du plus célèbre d'entre eux, d'Artagnan.

Le cirque de Gavarnie.

Les Pyrénées

Des pics à plus de 3 000 mètres, des forêts, de vieux villages, les Pyrénées ont su rester plus vraies que nature. Elles sont le paradis des randonneurs, des amateurs d'escalade et de parapente.

Le Midi Toulousain

Toulouse, la ville rose, est la capitale de ce pays de la douceur de vivre. Aussi fière de son passé que de sa technologie de pointe, elle offre au visiteur ses rues animées, ses palais, ses musées, sa place du Capitole, sa basilique Saint-Sernin, ainsi que l'immense hall de l'Aérospatiale.

Le Capitole.

Sainte-Cécile d'Albi.

Le pays Albigeois

Partout de la petite brique rouge et le souvenir de l'enfant du pays, le peintre Toulouse-Lautrec. Après la cathédrale Sainte-Cécile d'Albi, vous visiterez la plus belle de ses nombreuses bastides, Cordes-sur-ciel, la cité forteresse, avec ses monuments, ses musées, ses rues étroites, ses artisans… Vous ferez de la marche, du VTT, du cheval dans la campagne et tous les sports de plein air.

Le Rouergue

Dans ses causses, grandes plaines rocailleuses et de végétation rare, se cachent des gorges, des vallées abruptes et de vieux villages perchés au sommet des collines. Vous ne manquerez pas de visiter Conques, l'un des plus beaux spécimens de l'art roman.

Conques.

1. Où faut-il aller ?

Où doit aller le visiteur pour :

1) bien manger ;
2) visiter des musées ;
3) trouver des souvenirs historiques ;
4) faire des randonnées et de l'escalade ;
5) faire du sport ?

2. Quelle est la situation de communication ?

1) Qui a écrit ces textes ?
   a Un journaliste. b Un publicitaire.
2) À qui sont-ils destinés ?
3) Quel est le sujet de la page ?
4) Quelle est la fonction de ces textes ?

3. Comment fonctionnent ces textes ?

1) Dans ces textes, on trouve une majorité d'impératifs et de futurs. Quelle est l'intention de l'auteur ?
   a Conseiller. b Ordonner. c Faire des hypothèses.
2) Quels mots évoquent :
   a le pittoresque : rues en pentes, châteaux…
   b l'intérêt particulier du lieu pour le visiteur : village du 15e siècle…
   c le caractère exceptionnel du lieu : site mythique…

4. Écrivez-lui.

Vous passez vos vacances dans la région Midi-Pyrénées. Écrivez à un(e) ami(e) et dites-lui ce que vous avez vu, fait, trouvé le plus ou le moins intéressant…

DES MOTS POUR LE DIRE 19
丰富你的词汇

Le corps humain, la santé 人体和健康

Quelques expressions populaires

Il en a par-dessus la tête.
➜ Il est excédé.

Ça lui sort par les yeux.
➜ Il en a vraiment assez.

Il en a plein le dos.
➜ Il en a vraiment assez.

Ça lui entre par une oreille et ça lui sort par l'autre.
➜ Il n'écoute pas.
Ça ne l'intéresse pas.

Il a traité ce problème par-dessus la jambe.
➜ Il ne s'en est pas occupé.

Il a gagné les doigts dans le nez.
➜ Il a gagné sans difficulté.

Il perd la tête.
➜ Il n'agit plus raisonnablement.

Il a les yeux plus grands que le ventre !
➜ Il ne connaît pas ses limites.

Il a le bras long.
➜ Il a beaucoup d'influence.

Il a le cœur sur la main.
➜ Il est très généreux et compréhensif.

Il a l'estomac dans les talons.
➜ Il a très faim.

Il a le nez creux.
➜ Il a une bonne intuition.

Il fait la fine bouche.
➜ Il est difficile.

Il a la grosse tête.
➜ Il se prend pour quelqu'un d'important.

Il donne sa langue au chat.
➜ Il ne peut pas trouver la solution du problème.

1. Comparez les expressions ci-dessus aux expressions correspondantes dans votre langue.

2. Chassez l'intrus.

1) Nez – oreilles – pied – bouche.
2) Bras – jambes – coude – cœur.
3) Tête – menton – front – épaule.

C'EST LE MEILLEUR !

你是最好的！

Découvrez les situations 情景学习

1. Interprétez les photos.

1) Quelle était l'idée d'Éric à la fin de l'épisode précédent ?
2) À quels sports et à quels jeux Pascal et Éric jouent-ils dans cet épisode ?
   - a Football.
   - b Patin à roulettes.
   - c Basket-ball.
   - d Tennis.
   - e Échecs.
   - f Natation.
   - g Jeu vidéo.
3) Quel conseil est-ce qu'Éric donne à Pascal pour mieux faire du patin à roulettes ?
4) Croyez-vous que Pascal va mettre le ballon dans le panier ?

2. Faites des hypothèses.

Visionnez l'épisode sans le son et faites des hypothèses.

1) Pascal a-t-il déjà fait du patin à roulettes ?
2) Que fait Pascal pour récupérer après ses efforts ?
3) Qui est le meilleur au basket-ball ?
4) Qui va gagner la partie d'échecs ?
5) Qui est le plus fort aux jeux vidéo ?

1

2

3

Sur un terrain de basket, Pascal et Éric mettent des patins à roulettes.

Pascal — Tu veux vraiment me faire avancer là-dessus ?
Éric — Ben oui, c'est mieux que de me suivre à pied.
Pascal — Pourquoi ?
Éric — Parce que c'est moins fatigant.
Pascal — Tu plaisantes ! C'est aussi fatigant que de marcher à pied, peut-être même plus.
Éric — Tu as peut-être raison. Mais c'est plus amusant.
Pascal — Ça dépend pour qui...[1]

Pascal et Éric, en patins à roulettes, se suivent. Pascal a du mal à rester debout.

Pascal — Le patin, ça te plaît autant que le judo ?
Éric — C'est pas pareil, mais ça demande autant de concentration.
Pascal — Tu as déjà fait du hockey en patins à roulettes ?
Éric — Quelquefois. Mais il faut être plusieurs.
Pascal — De toutes façons, c'est pas pour moi !
Éric — Pourquoi pas, entraîne-toi ! Essaie d'aller un peu plus vite, hein. Penche bien le corps en avant. Plie les genoux. Comme ça.
Pascal — Quel professeur !

Pascal tombe. Éric vient près de lui.

Pascal — Tu trouves vraiment ça moins fatigant que la marche à pied ? À mon avis, c'est surtout le meilleur moyen de se casser quelque chose !...
Éric — Bon, viens, on va remettre nos chaussures et faire quelques

ÉPISODE 20

4

5

6

7

paniers…Ça va t'avantager, tu es plus grand que moi.

Pascal — On se repose un peu d'abord. Je t'offre une boisson ?

Éric — D'accord.

Pascal — Qu'est-ce que tu prends ?

Éric — Un Coca. Et toi ?

Pascal — Un jus d'orange. J'ai besoin de vitamines.

Pascal et Éric finissent leur boisson près du terrain de basket.

Éric — Ça va, tu récupères ?

Pascal — Oui, ça va, je ne suis pas aussi fatigué que tu le penses[2]. Tiens, tu vas voir.

Pascal prend le ballon de basket. Il rate le panier.

Pascal — Je manque un peu d'entraînement, c'est sûr. Mais ce n'est pas passé très loin !

Éric — Allez, ne cherche pas d'excuses. À ton âge, le sport, c'est fini !

Pascal — C'est facile de critiquer. Montre plutôt ce que tu sais faire.

Éric reprend la balle et marque un panier sans difficulté. Il va reprendre la balle et en marque plusieurs autres.

Pascal — Bon, d'accord, tu es le meilleur. De toutes façons, je préfère les jeux plus intellectuels comme… les échecs.

Éric — Tu joues aux échecs ? Ouah ! Quelle chance !

Pascal et Éric sont devant un jeu d'échecs. Pascal hésite, il prend une pièce pour la jouer. Il change d'avis et la repose.

Éric — Ah, non ! Tu connais la règle. Si tu touches une pièce, tu la joues.

Pascal — Mais c'est dommage ! Il y a un meilleur coup à jouer. Tu vois, mon fou noir peut couvrir ta diagonale.

Éric — Tu as raison, c'est un meilleur coup. Mais c'est trop tard… Échec et mat.

Sourire de Éric, mine dépitée de Pascal.

Éric — Bon, ben maintenant j'ai le droit de prendre mes jeux vidéo ? Si tu veux, je peux t'apprendre…

Éric et Pascal sont devant un jeu vidéo de foot. Pascal gagne très largement. Éric n'est pas content.

Pascal — 6-0 ! Alors, champion ! On se fatigue en fin de journée ?

Éric — Oh, ça ne compte pas. Ce n'est vraiment pas du sport !

Pascal — (en riant) Mais si ! Les jeux vidéo sont très bons pour développer les réflexes et la coordination.

Éric — Bon, ben tu veux bien essayer d'expliquer ça à mes parents ?

NOTES 课文注释

1 看对谁而言了。

2 我不像你想得那样累。“le” 为中性代词，代替 “que je suis fatigué”。

VOCABULAIRE 词汇表

à mon avis	*loc.adv.*	在我看来，我认为
autant	*adv.*	同样多
avancer	*v.i.*	前进；进步，进展
avantager	*v.t.*	给予方便，给予好处
***balle**	*n.f.*	球
***ballon**	*n.m.*	球
***basket**	*n.m.*	篮球
boisson	*n.f.*	饮料
(se) casser	*v.pr.*	摔碎，摔断
chaussure	*n.f.*	鞋
compter	*v.i.*	算得上，被算进
concentration	*n.f.*	专心，全神贯注
coordination	*n.f.*	协调
corps	*n.m.*	身体
coup	*n.m.*	一步棋
couvrir	*v.t.*	走完
demander	*v.t.*	需要
dépendre	*v.t.ind.*	（+ de）取决于，依……而定
de toutes façons	*loc.adv.*	无论如何
diagonale	*n.f.*	对角线
dommage	*n.m.*	遗憾，可惜
droit	*n.m.*	权力
échec et mat		（国际象棋赛中的）将死
échecs	*n.m.pl.*	国际象棋
en avant	*loc.adv.*	向前
entraînement	*n.m.*	训练
(s')entraîner	*v.pr.*	训练
essayer	*v.t.*	（+ de）试图，力图
excuse	*n.f.*	借口，托词
(se) fatiguer	*v.pr.*	疲劳，劳累
fin	*n.f.*	终，末
fou	*n.m.*	（国际象棋中的）象
genou	*n.m.*	(*pl.* ~x) 膝盖
hockey	*n.m.*	曲棍球
intellectuel, le	*adj.*	智力的，用脑力的
jus	*n.m.*	汁
là-dessus	*adv.*	在这上面
***largement**	*adv.*	远远，大大地
***mal**	*n.m.*	困难
marche	*n.f.*	散步，走路
***marquer**	*v.t.*	射中得分，投篮得分
même	*adv.*	甚至
moyen	*n.m.*	方法，手段
panier	*n.m.*	篮，筐；球篮
pareil, le	*adj.*	同样的，这样的
patin à roulettes	*n.m.*	滚轴溜冰鞋，旱冰鞋
pencher	*v.t.*	使倾斜
pièce (d'échecs)	*n.f.*	棋子
plier	*v.t.*	弯曲，屈
plusieurs	*pron.indéf.pl.*	几个人
quelquefois	*adv.*	有时
***rater**	*v.t.*	未命中
récupérer	*v.t.*	恢复（体力）
réflexe	*n.m.*	反应
toucher	*v.t.*	碰，走（棋子）
vitamine	*n.f.*	维生素

ORGANISEZ VOTRE COMPRÉHENSION

20

剧情理解

Observez l'action et les répliques
观察剧情和人物对话

1. Les meilleurs titres ! 最好的题目！

1) À quelles séquences de l'épisode les groupes de titres ci-dessous se réfèrent-ils ? 下面的几组题目反映的是影片中哪些镜头？

2) Choisissez celui des deux qui vous paraît le meilleur. 选出每组中最合适的题目。

① **a** Un repos bien mérité.
b Ça redonne des forces.

② **a** Ça fait réfléchir.
b Une victoire incontestable.

③ **a** À tous les coups, il gagne !
b Rien ne sert d'être grand.

④ **a** Bon professeur, mauvais élève.
b Une chute prévisible.

⑤ **a** D'échec en échec !
b Un coup bien monté !

2. Quelle est la réplique suivante ?

1) Tu veux vraiment me faire avancer là-dessus ?
2) Le patin, ça te plaît autant que le judo ?
3) Tu as déjà fait du hockey en patins à roulettes ?
4) Ça va ? Tu récupères ?
5) Ah, non ! Tu connais la règle. Si tu touches une pièce, tu la joues.

Observez les comportements
观察人物行为

3. Que veulent dire ces gestes ? 这些姿势表达了什么意思？

Observez l'attitude et les jeux de physionomie des personnages sur les photos. Décrivez ce que vous constatez et dites ce qu'ils pensent. 观察图片中各个人物的姿态和面部表情。描述一下你所看到的，然后说说他们都在想些什么。

4. Avez-vous remarqué ?

1) À chacun des énoncés ci-dessous, associez un des actes de parole.

① Ça dépend pour qui...
② De toutes façons, c'est pas pour moi !
③ Allez, ne cherche pas d'excuses. À ton âge, le sport, c'est fini !
④ Tu joues aux échecs ? Ouah ! Quelle chance !
⑤ 6-0 ! Alors, champion ! On se fatigue en fin de journée ?

a Expression de critique.
b Expression de rejet.
c Expression d'enthousiasme.
d Expression de moquerie.
e Expression d'hésitation.

2) Dites qui a prononcé ces phrases et décrivez les gestes ou les jeux de physionomie du personnage.

5. Qu'est-ce qu'ils disent ?

Trouvez dans les dialogues une façon :
1) de se renseigner sur les goûts de l'autre ;
2) de comparer deux sports ;
3) de donner des conseils ;
4) de faire un compliment ;
5) d'exprimer un regret.

DÉCOUVREZ LA GRAMMAIRE
语法学习

1. Hier et aujourd'hui : comparez.

Exemple : Voitures – il y a cinquante ans.
☞ **Il y a plus de voitures dans les rues maintenant qu'il y a 50 ans.**

1) Facilités de communication – en 1950.
2) Durée de vie – il y a cinquante ans.
3) Guerres – il y a un siècle.
4) Pollution – siècle dernier.
5) Niveau de vie – dans les années trente.

2. Quel est le meilleur ? 谁是最好的?

Comparez Alain, toujours le premier de la classe, et Bernard, toujours dernier. Utilisez des superlatifs d'adjectifs. Alain总是班里的第一名，而Bernard总是最后一名，比较一下两个人。注意使用形容词的最高级。

Exemple : Alain n'a que des bonnes notes.
☞ **Il est le plus fort.**

1) Alain n'aime pas le sport.
2) Alain travaille très bien.
3) Bernard est toujours aimable.
4) Bernard invente de belles histoires.
5) Bernard est bon en gymnastique.

3. Qu'est-ce que vous en pensez ? 你怎么想?

Complétez ces phrases avec un comparatif ou un superlatif irrégulier. 用变化特殊的形容词或副词的比较级或最高级填空。

1) Quand on aime autant la marche que les jeux d'adresse, le golf est .... le football.
2) Si on a des problèmes de dos, l'équitation est .... des sports.
3) .... des sports de défense est le judo.
4) La course automobile est un sport dangereux, mais les courses de moto, c'est ....
5) Quand on est grand et sportif, ... c'est de faire du basket.

身体部位名词前的定冠词

身体部位名词前，经常用定冠词，如：

Il a **les** mains dans les poches.

Il a mal à **la** tête.

Il se lave **les** cheveux tous les matins.

不规则的比较级与最高级

形容词bon → **meilleur** → **le meilleur, la meilleure, les meilleurs, les meilleures**

形容词mauvais → **pire** → **le pire, la pire, les pires**

副词bien → **mieux** → **le mieux**

! 不要混淆表示比较级的plus与否定短语ne ... plus中的plus，前者放在形容词或副词前，而后者经常表示对encore/toujours的否定，如：

– Tu joues **toujours** aux échecs ?

– Non, je **n'**y joue **plus**.

– Tu veux **encore** faire des paniers ?

– Non, je **ne** veux **plus** en faire.

4. Lesquels préférez-vous ?

Quel genre d'hommes ou de femmes préférez-vous ? Utilisez les adjectifs comme des noms. 你更喜欢哪类男人或女人?下面的形容词可以当作名词使用。

Exemple : blond – brun
☞ **Je préfère les blondes aux brunes.**

1) petit – grand
2) gros – maigre
3) élégant – sportif
4) timides – audacieux
5) cheveux longs – cheveux courts

5. Décrivez-les. 描写下面的人物。

Exemple : L'homme a un chapeau sur la tête et les mains dans les poches.

6. Faites de la gymnastique.
做做体操。

Écoutez l'enregistrement et trouvez une légende pour chaque dessin.听录音，找出下面每幅图画的说明。

7. Mais si !

Vous encouragez un(e) jeune ami(e) : vous mettez en doute ce qu'il/elle fait ! Attention à l'utilisation des pronoms *y* et *en*. 你鼓励一位年轻朋友：质疑他（她）所做的事情！注意代词**en**和**y**的用法。

Exemple : – **Tu n'as pas encore fait de tournois ?**
– **Si, j'en ai déjà fait.**

1) Tu n'es pas encore allé(e) à la salle de gym ?
2) Tu ne t'es pas encore entraîné(e) au judo ?
3) Tu ne t'es pas encore inscrit(e) pour la prochaine compétition ?
4) Tu n'a pas encore gagné de match ?
5) Tu n'es pas encore monté(e) sur un podium ?

对副词的否定

副词déjà（已经）的否定形式为ne... pas encore（还没有），如：
– Vous êtes **déjà** venu ici ?
– Non, (nous **ne** sommes) **pas encore** (venus).

! encore还可单独使用，有两种意思：
- encore = toujours
  Quoi ! Vous êtes **encore** là !
- encore = encore une fois ≠ ne... plus
  – Vous en voulez **encore** ?
  – Non, je n'en veux plus.

SONS ET LETTRES

音与字母

语调 (intonation)

语调的使用可以表明或加强句子的意义。

- 表达肯定语气或命令时，语调下降。

Ah, non ! Tu connais la règle.

Si tu touches une pièce, tu la joues.

- 表达高兴、激动时，语调上升。

Tu joues aux échecs ! Quelle chance !

1. Quelle phrase indique une certitude ? 哪句话表达肯定?

1) Ça demande de la concentration.
2) Tu as besoin de vitamines.
3) Ça va t'avantager.
4) C'est facile de critiquer.
5) Il y a un meilleur coup à jouer.

2. Écoutez et soyez enthousiaste ! 听录音。高兴、激动一点!

1) Transformez la question en expression enthousiaste. 变换下面问题的语调，要表现出激动的情绪。

2) Écoutez le deuxième enregistrement et répétez.

① Tu joues aux échecs ?
② Tu viens avec nous ?
③ C'est ton anniversaire ?
④ Tu sais faire du patin ?

COMMUNIQUEZ

语言交际

1. Visionnez les *Variations*.

1) Trouvez des énoncés qui peuvent précéder les actes de parole de la première *Variation*. 找出在右面方框内每组对话前可能出现的语句。

2) Jouez les situations suivantes avec votre voisin(e).

a Un(e) ami(e) vient d'avoir un accident de voiture. Vous lui demandez ce qu'il/elle a et vous vous inquiétez de son état. 一个朋友刚刚遭遇一起车祸，你问问他（她）现在情况如何，并对他（她）的身体状况表示担心。

b Vous encouragez un(e) ami(e) à proposer sa candidature à un poste important. Il/elle est d'abord très hésitant(e) : il/elle pense ne pas avoir la formation et les capacités nécessaires. Vous insistez et votre ami(e) finit par se déclarer totalement incapable de se porter candidat(e). 你鼓励一个朋友去应聘一个重要职位。起初他（她）有些犹豫：他（她）觉得自己不具备应聘那个职位所需的学历和能力。你继续鼓励他（她），但最后你的朋友还是宣布自己完全没有能力去应聘那个职位。

表明自己能力不够，鼓励他人

1) – De toutes façons, c'est pas pour moi !
– Pourquoi pas, entraîne-toi !

2) – Je le vois bien. C'est pas mon truc.
– Mais si. Quand on veut, on peut !

3) – Inutile d'insister. Je n'y arriverai jamais.
– Mais si, tu peux y arriver. Fais un effort !

4) – C'est pas la peine. J'abandonne.
– Comment ça, tu abandonnes ? Il suffit de t'entraîner !

表达怀疑和反对意见

1) Tu trouves vraiment ça moins fatigant que la marche à pied ?
2) Tu ne crois pas que c'est plus fatigant que la marche à pied ?
3) Je ne suis pas d'accord ! La marche à pied, c'est aussi fatigant.
4) Alors, là, pas d'accord du tout ! C'est bien plus fatigant que la marche à pied.

对某人的身体状况表示担心

1) Ça va, tu récupères ?
2) Ça va, tu te sens mieux ?
3) Ça va, tu reprends des forces ?
4) Ça va mieux que tout à l'heure ?

2. Retenez l'essentiel.

Écoutez la conversation entre un hôtelier et son client. Dites :

1) de quoi le client se plaint ; 顾客在抱怨什么；
2) quels sont les arguments de l'hôtelier en faveur de la nouvelle chambre ; 哪些是旅店老板夸奖新房间的措词；
3) ce que l'hôtelier propose à son client. 旅店老板给顾客怎样的建议。

3. Les règles du jeu. 游戏规则。

Expliquez à un ami francophone les règles du jeu ou du sport le plus populaire de votre pays. Il vous pose des questions. Jouez avec votre voisin(e). 向一个讲法语的朋友解释你们国家最流行的游戏或运动的规则。他问你一些相关的问题。与同桌一起表演。

4. Quelle voiture choisir ?

Vous êtes marié(e), vous avez deux enfants et un chien et vous décidez d'acheter une voiture familiale de milieu de gamme. Vous comparez les avantages et les inconvénients des trois modèles présentés dans le tableau et vous en discutez avec votre femme/mari. Vous n'êtes pas d'accord et vous donnez des arguments. Jouez à deux.你已经结婚，有两个孩子，还有一条狗。你决定买一辆中档家庭轿车。比较一下下面三款车的优点和缺点，与妻子（丈夫）讨论一下。你们的意见不一，各自说出理由。两人一起表演。

Modèles	Prix moyen	Consom. moyenne (réservoir)	Nombre de places	Volume du coffre
Citröen Berlingo Multispace 1.4i	13 400€	7,5 l/100 km (55 l)	5	664 à 2 800 l
Renault Mégane Scénic 1.6e RTE	17 300€	8,2 l/100 km (60 l)	5	410 à 2 000 l
Toyota Picnic 2.0i GL	22 000€	9 l/100 km (60 l)	6	182 à 18 841 l

70 % de sportifs

Les sportifs du dimanche et des vacances peuvent choisir la marche, les promenades à cheval dans la campagne ou le ski dans la neige de montagnes sauvages…

Mais beaucoup choisissent le vélo, ou plutôt le VTT – le vélo tout terrain –, cette version plus moderne et plus sportive de la bicyclette. Il séduit petits et grands. Il est en train de devenir le sport préféré des familles. En VTT, on peut explorer des lieux restés sauvages et déserts sans les mettre en péril.

Cette régate d'un genre très particulier attire, une fois par an, les amoureux de la navigation et de Paris. Que vous soyez pirate ou gondolier, il y aura sûrement un bateau pour vous. Vous pourrez alors descendre la Seine au rythme des rames. Seul, le bruit de l'eau accompagnera vos efforts et vous admirerez à loisir la tour Eiffel et Notre-Dame, l'île Saint-Louis et l'île de la Cité et ces merveilleux ponts sous lesquels coule la Seine…

Le stade de France à Saint-Denis.

1. Exercez votre mémoire.

1) Dans ce reportage s'agit-il de sports de compétition ou de sports de loisir ?
2) Quels sports sont représentés ?
3) Quel est, d'après vous, le sport le plus populaire ? Pourquoi ?
4) Que veut dire VTT ?
5) Combien de fois par an la régate sur la Seine a-t-elle lieu ?

2. Et dans votre pays ?

1) Quels sont les sports de loisir les plus populaires ?
2) Pratiquez-vous un ou plusieurs sports ? Lesquels ?

Le Tour de France, 1998.

LE MONDIAL DE FOOTBALL

Du 10 juin au 12 juillet 1998, s'est déroulée la Coupe du monde de football, le Mondial 1998, qui a vu la victoire de la France sur le Brésil, tenant du titre et favori des pronostics. On a joué 64 matchs dans dix stades différents. Près de deux milliards de téléspectateurs dans le monde ont pu suivre la finale qui s'est déroulée au Stade de France à Saint-Denis, près de Paris.

Le Stade de France a été construit en moins de trois ans en prévision du Mondial. Son toit transparent est aussi grand que la place de la Concorde (6 hectares) et pèse 13 tonnes ! Il permet d'asseoir 80 000 spectateurs.

LE TOUR DE FRANCE

C'est la plus célèbre des courses cyclistes par étapes.

Le Tour se court en juillet avec la participation des meilleurs coureurs mondiaux sur une distance d'environ 4 000 kilomètres.

DOSSIER 11

ÉPISODE 21

UN REMPLACEMENT IMPRÉVU

一次意外的顶替

ÉPISODE 22

VIVE LE TÉLÉPHONE PORTABLE !

手机万岁!

VOUS ALLEZ APPRENDRE À :

- parler d'événements futurs
- parler d'événements récents
- faire des prédictions
- demander des explications
- engager une communication téléphonique et y mettre fin
- exprimer de la sympathie pour quelqu'un
- exprimer de l'impatience et de l'irritation

本单元中，你将学会：

- 谈论未来的事情
- 讲述刚刚发生的事情
- 表述预测
- 请求解释
- 开始通话和结束通话
- 向某人表示友善
- 表达急躁和愤怒

VOUS ALLEZ UTILISER :

- le futur simple (après *quand* et *pendant que*)
- le passé récent : *venir de* + infinitif
- les pronoms relatifs *qui, que* et *où*
- les pronoms indéfinis *(quelqu'un, personne, quelque chose, rien)* + *de* + adjectif

你将使用：

- 简单将来时（在*quand*和*pendant que*之后）
- 最近过去时：*venir de* + 动词不定式
- 关系代词*qui*，*que*，*où*
- 泛指代词*quelqu'un* / *personne* / *quelque chose* / *rien* + *de* + 形容词

UN REMPLACEMENT IMPRÉVU

一次意外的顶替

Découvrez les situations 情景学习

1. Quelles sont les photos ?

Associez chacune des légendes suivantes à une des photos de la double page.

1) Du parvis de la Défense, la vue est splendide.
2) Ils se sont enfin retrouvés.
3) Qu'est-ce qu'il va trouver dans la boîte ?
4) De l'endroit où il téléphone, il peut voir le Stabile de Calder.

2. Faites des hypothèses.

Visionnez le film sans le son.

1) Qu'y a-t-il dans le paquet sur le bureau de Benoît ?
2) Pourquoi Benoît est-il sur le parvis de la Défense ?
3) Pourquoi téléphone-t-il ?
4) Qui peut être l'homme au téléphone ?

3. Qu'est-ce que vous avez vu ?

❶ le Sacré Cœur

❷ l'Arc de Triomphe

❸ le parvis de la Défense

❹ la Vénus de Milo

1

2

3

Il est 9 heures du matin. Benoît entre dans son bureau. À peine est-il arrivé que le téléphone sonne.

Benoît	Ça commence de bonne heure ! Allô…
Nicole	Allô, Benoît. C'est Nicole. Tu as vu la boîte, sur ton bureau ?
Benoît	Non, je viens d'arriver. Qu'est-ce que c'est ?
Nicole	(off) Si tu l'ouvres vite, tu le sauras. Je crois que tu aimeras…
Benoît	Bon d'accord !

Benoît ouvre le paquet.

Benoît entre dans le bureau de Nicole, l'air plutôt content.

Il a un téléphone à la main.

Benoît	Un téléphone portable ? Mais en quel honneur ?
Nicole	Ordre de la direction. Comme ça, on te trouvera plus facilement.
Benoît	C'est ça, je pourrai travailler le jour et la nuit !
Nicole	Tu oublies le samedi et le dimanche ! Tu sais t'en servir ?
Benoît	J'apprendrai.

ÉPISODE 21

Nicole Très bien. Richard vient de téléphoner. Il est malade. Il ne pourra pas s'occuper des urbanistes brésiliens. Tu iras à sa place et tu leur feras visiter la Défense[1].

Benoît D'accord. Mais je ne connais rien à la Défense, moi.

Nicole Voici la documentation. Tu la liras pendant le trajet. C'est une mission de confiance. Notre visiteur est M. Costa. C'est le directeur de l'Institut d'urbanisme du Brésil. Il est venu avec deux de ses meilleurs étudiants. Tu as rendez-vous avec eux à 10 h 30 sur le parvis de la Défense[2], à côté des personnages de Miro[3]. C'est la plus grande sculpture du parvis. Elle est rouge, jaune et bleue. Tu ne peux pas la rater.

Benoît est près de la sculpture de Miro. Il ne voit pas les Brésiliens. Il s'arrête et sort son portable.

Benoît Allô, Richard ?... Je suis sur le parvis de la Défense, à côté des personnages de Miro. Je viens d'en faire le tour, je n'ai vu personne... Calder ? Le Stabile de Calder[4] ? Oui, oui, je le vois. Bon, si tu en es sûr, j'y vais. J'espère qu'ils seront encore là... Quoi ? Tu as un autre appel ? D'accord, je patiente, mais fais vite !

Un homme, M. Costa, parle au téléphone près de la statue.

M. Costa Je voulais juste savoir si votre collègue avait un problème. Ou peut-être ai-je mal compris le lieu du rendez-vous ? Ah, si vous l'avez en ligne, c'est parfait. Oui, je patiente.

Benoît vient près de M. Costa pour reprendre la conversation.

Benoît Oui, Richard, je pense que j'ai trouvé M. Costa. Tu peux raccrocher tous tes téléphones, je t'expliquerai plus tard. (à M. Costa) Enchanté, Monsieur Costa. Je suis Benoît Royer. Désolé de vous avoir fait attendre.

Ils se serrent la main.

M. Costa Très heureux de vous rencontrer, Monsieur Royer. Les deux étudiants qui m'accompagnent ont déjà commencé à visiter les environs. Si nous avons du mal à les retrouver, nous pourrons toujours les appeler. Ils ont chacun un téléphone portable !

Tous deux s'éloignent.

NOTES 课文注释

1 tu leur fera visiter la Défense : 你让他们参观拉德芳斯。“faire + 动词不定式 + à qn.” 意为“让某人做……”，下文的“Desolé de vous avoir fait attendre”（很抱歉让您久等了）也是同样的用法。

2 拉德芳斯广场地处巴黎西郊拉德芳斯新区，广场上的大拱门（la Grande Arche）位于协和广场与凯旋门的延长线上。广场周围高楼林立，广场上可以欣赏到很多著名的雕塑作品。该区集中了上百家公司，为许多大公司总部的所在地。

3 胡安·米罗(1893–1983)，二十世纪绘画大师，超现实主义绘画的伟大天才之一。曾定居巴黎，其早期作品受到塞尚、梵高和毕加索及野兽派画家的影响，作品或带有极为精雅的色彩和线条的运动，或具有立体主义的作风。米罗是非常多产的画家，画风始终如一而又变化多样，因此很难将其作品划归为某一流派。

4 亚历山大·考尔德（1898–1976），美国雕塑家。考尔德所创造的活动雕塑和固定雕塑是对二十世纪的重大贡献，考尔德是艺术史上伟大的革新者之一。1943年以后，他创作了很多大型抽象的静止雕刻作品，使用的材料多为涂色钢板。

VOCABULAIRE 词汇表

appel	*n.m.*	电话
boîte	*n.f.*	盒子
Brésil	*n.pr.m.*	巴西
***Brésilien, ne**	*n.*	巴西人
confiance	*n.f.*	信任，信心
de bonne heure	*loc.adv.*	一大早
direction	*n.f.*	领导
documentation	*n.f.*	资料
***(s')éloigner**	*v.pr.*	远离
en ligne	*loc.adv.*	通话
environs	*n.m.pl.*	附近
facilement	*adv.*	容易地
honneur	*n.m.*	尊敬，敬意
en l'honneur de	*loc.prép.*	向……表示敬意，为庆祝……，为纪念……
En quel honneur ?		为了什么？
imprévu, e	*adj.*	意外的，未预见到的
institut	*n.m.*	研究所，学院
jaune	*adj.*	黄色的
malade	*adj.*	生病的
mission	*n.f.*	任务
ordre	*n.m.*	命令，指示
ouvrir	*v.t.*	打开
parvis	*n.m.*	（建筑前的）空地，广场
patienter	*v.i.*	等待
personnage	*n.m.*	人物
portable	*adj.*	可携带的，手提的
raccrocher	*v.t.*	挂断
rater	*v.t.*	错过
remplacement	*n.m.*	代替，替换
retrouver	*v.t.*	重新找到，找回
sculpture	*n.f.*	雕塑
***(se) serrer**	*v.pr.*	互相靠紧，互相握紧
(se) servir	*v.pr.*	(+ de) 使用
stabile	*n.m.*	固定雕塑
***statue**	*n.f.*	塑像
téléphone	*n.m.*	电话
tour	*n.m.*	环绕，环游
trajet	*n.m.*	路程，行程
urbanisme	*n.m.*	城市规划
urbaniste	*n.*	城市设计师，城市建筑师

ORGANISEZ VOTRE COMPRÉHENSION 21

剧情理解

Observez l'action et les répliques
观察剧情和人物对话

1. Ça s'est passé comment ?

Visionnez l'épisode avec le son, puis faites une phrase pour résumer chacun des événements.

2. Décrivez ces situations.

Qu'est-ce qu'il vient de se passer :

1) quand Benoît dit :
« Un téléphone portable, mais en quel honneur ? »
2) quand Nicole dit :
« Tu iras à sa place et tu leur feras visiter la Défense. »
3) quand Benoît dit :
« Quoi ? Tu as un autre appel ? D'accord, je patiente, mais fais vite ! »
4) quand Benoît dit :
« Enchanté, Monsieur Costa. Je suis Benoît Royer. Désolé de vous avoir fait attendre. »

3. Avez-vous bien observé ?

Voici quatre photos et six répliques. Associez les bonnes répliques à chacune des photos.

1) Je crois que tu aimeras…
2) Comme ça, on te trouvera plus facilement.
3) C'est ça, je pourrai travailler le jour et la nuit !
4) Tu iras à sa place et tu leur feras visiter la Défense.
5) Je viens d'en faire le tour, je n'ai vu personne.
6) Ah, si vous l'avez en ligne, c'est parfait.

Observez les comportements
观察人物行为

4. Avez-vous remarqué ?

1) De quelle humeur est Benoît quand il entre dans le bureau de Nicole ?
   a Inquiet. b Furieux.
   c Content. d Amusé. e Intrigué.
2) Quels jeux de physionomie et quelle attitude montrent que Nicole se moque gentiment de Benoît ?
3) Quels gestes de Benoît montrent qu'il est un peu énervé ?
4) À la fin de l'épisode, comment est-ce que M. Costa et Benoît se saluent ?

5. Dites-le autrement.

Choisissez une des deux propositions de paraphrase.

1) Ça commence de bonne heure !
   a Tout le monde est déjà arrivé.
   b Je n'ai même pas le temps de m'installer.
2) En quel honneur ?
   a C'est un honneur pour moi ?
   b Pourquoi ?
3) Je pourrai travailler le jour et la nuit.
   a Je n'arrêterai pas de travailler.
   b Je viendrai la nuit au bureau.
4) C'est une mission de confiance.
   a Ce n'est pas à prendre à la légère.
   b Ne t'inquiète pas, c'est facile.
5) Tu ne peux pas la rater.
   a C'est une chose à ne pas manquer.
   b Elle est facilement reconnaissable.

DÉCOUVREZ LA GRAMMAIRE

语法学习

1. Rien ni personne !

什么东西也没有，什么人也没有！

Benoît est sur le parvis de la Défense. Il est en train de téléphoner à Nicole. Écoutez ce que dit Nicole et répondez, négativement, à la place de Benoît.

Benoît在拉德芳斯广场上，他正给Nicole打电话。听听Nicole说了些什么，然后代Benoît做否定回答。

2. C'est quelqu'un de bien ! 是个好人！

Vous connaissez bien Nicole et Benoît maintenant. Dites si vous pensez qu'ils sont ***gentils, compétents, autoritaires, sérieux, sympathiques.***

Exemple : **Nicole est quelqu'un de sympathique.**

3. Qu'est-ce qu'ils viennent de faire ?

Retrouvez les actions précédentes des personnages. 说出图中各个人物刚刚做了什么。

泛指代词+de+形容词

形容词在修饰泛指代词（pronoms indéfinis）时，由de引导，而且形容词只有阳性单数形式，没有性、数变化，如：

quelqu'un **d'important**
personne **de connu**
quelque chose **de nouveau**
rien **de bien**

! Je voudrais **quelque chose d'autre** = quelque chose de différent.

C'est **quelqu'un d'autre** = c'est une autre personne, ce n'est pas la même personne.

最近过去时（passé récent）

最近过去时表示一个动作在不久之前刚刚完成，由"venir de+ 动词不定式"构成，如：

Benoît **vient d'arriver** au bureau.

On **vient de** lui **attribuer** un téléphone portable.

! 最近过去时与最近将来时对立存在。最近将来时的结构为"aller + 动词不定式"。如：

Benoît va arriver au bureau.

≠ Benoît vient d'arriver au bureau.

简单将来时（futur simple）

几个特殊动词的不规则变位形式：

être	je **ser**ai	savoir	je **saur**ai
avoir	tu **aur**as	pouvoir	tu **pourr**as
aller	il **ir**a	vouloir	il **voudr**a
faire	nous **fer**ons	venir	nous **viendr**ons
envoyer	vous **enverr**ez	tenir	vous **tiendr**ez
voir	ils **verr**ont	courir	ils **courr**ont
il faut	il **faudr**a		

! 在主谓倒装的疑问句中，第三人称单数主语 il/elle/on 与简单将来时的变位动词之间要加"-t-"，如：
Quand viendra-t-il ?
Où ira-t-elle ?
Quelle langue apprendra-t-on ?

4. On ne le fera plus ! 以后再也不会这么做了！

Imaginez ce que l'on fera en 2050. 想象一下 2050 年人们会做些什么。

Exemple : **À l'heure actuelle, on écrit encore à la main. En l'an 2050, on ne se servira plus que de l'ordinateur.**

À l'heure actuelle…
1) on sort de chez soi pour aller travailler ;
2) on a encore des voitures à essence ;
3) on correspond encore par lettres ;
4) on met sept heures pour aller de Paris à New York ;
5) les gens ne sont pas tous heureux !

5. Que ferez-vous dimanche prochain ?

Imaginez ce que vous ferez…

Exemple : S'ils viennent dimanche.
☞ **S'ils viennent dimanche, nous irons à la plage.**

1) S'il fait beau.
2) S'il pleut ou s'il neige.
3) Si votre voiture tombe en panne.
4) Si des amis vous invitent à la campagne.

6. Qu'est-ce qu'il faisait ? Qu'est-ce qu'il fera ? 他当时在做什么，以后又要干什么？

Interrogez votre voisin(e) sur ce qu'il/elle faisait hier, il y a trois jours, le mois dernier… et sur ce qu'il/elle fera demain, la semaine prochaine, l'an prochain…问问同桌他（她）昨天、大前天、上个月等时间都在做什么，明天、下周、明年又要干什么。

表达时间

过去
il y a 5 minutes, huit jours…
hier, avant-hier
le mois dernier

将来
dans 5 minutes, huit jours…
demain, après-demain
le mois prochain

7. Condition ou action future ? 是条件还是未来的动作？

M. Costa est très aimable. Dites ce qu'il propose à Benoît. Costa 先生非常和蔼可亲。说说他给 Benoît 提了些什么建议。

Exemple : Si vous voulez téléphoner, je vous prête mon portable.
☞ **Quand vous voudrez téléphoner, je vous prêterai mon portable.**

1) Si vous voyez Richard Legrand, saluez-le de ma part.
2) Si vous avez de nouveaux projets, informez-nous.
3) Si vous avez d'autres questions, posez-les.
4) Si vous voulez prendre contact avec l'architecte, écrivez-moi.
5) Si vous passez par Rio, venez nous voir.

Quand, pendant que+将来时

Quand tu **viendras**, tu nous apporteras des journaux français.
Pendant que tu **répareras** ma voiture, je vais prendre un café.

! 在引导条件从句的连词 si 后，不能用将来时，如：
Si tu **viens**, tu nous apporteras des journaux français.

SONS ET LETTRES · consonnes sourdes, consonnes sonores
音与字母 · 清辅音与浊辅音

1. Opposition [f] et [v]. 清辅音[f]与浊辅音[v]。

Écoutez et dites quelle est la consonne sonore (place 1 ou 2). Puis répétez les deux sons. 听录音说出哪个是浊辅音（第一个还是第二个）。然后听录音模仿。

2. Opposition [f] et [v].

Écoutez et écrivez ces phrases. Puis, écoutez de nouveau et répétez. 听录音写句子。再听一遍，并跟读。

3. Opposition [v] et [b]. 浊辅音[v]与[b]。

Écoutez et écrivez ces phrases. Puis écoutez et répétez.

COMMUNIQUEZ
语言交际

1. Visionnez les *Variations*.

1) Dans quelle situation est-ce qu'on demande des explications ? 在什么情况下人们会向别人请求解释？

2) Jouez avec votre voisin(e) les situations suivantes.

a Vous revenez du bureau et vous avez fait des courses. Vous arrivez chez vous fatigué(e). Votre mari ou votre femme commence à vous parler de problèmes domestiques qui ne vous paraissent pas urgents. Vous n'êtes pas prêt(e) à y penser et vous laissez voir votre impatience. Il/elle insiste…
你从办公室回来，路上买了些东西，到家时已经筋疲力尽。你的丈夫（妻子）却开始跟你谈起家里的问题，而你觉得这些问题并不那么紧急。你不准备考虑这些问题，于是表现得很不耐烦。但你丈夫（妻子）仍喋喋不休。

b Un(e) de vos collègues vous annonce que vous êtes convoqué(e) au bureau du DRH (Directeur des relations humaines). Vous vous demandez ce qu'on peut bien vous vouloir.
你的同事告诉你，人事部经理要见你。你心里猜测可能发生的事情。

表达愤怒

1) Ça commence de bonne heure !
2) On n'a même pas le temps d'arriver !
3) Qu'est-ce qui se passe, aujourd'hui !
4) Et moi qui me croyais en avance !

请求解释

1) – Qu'est-ce que c'est ?
– Un téléphone portable.
– Oui, ça j'ai bien vu. Mais en quel honneur ?

2) – C'est quoi, ça ?
– Un téléphone portable.
– Oui, je sais… Je vois bien… Mais pourquoi ?

3) – Ça veut dire quoi, ça ?
– C'est un téléphone portable.
– Oui, d'accord. Mais qu'est-ce que ça signifie ?

2. C'est plus amusant avec un copain ! 跟朋友在一起更有意思！

Écoutez la conversation téléphonique entre les deux amis et relevez : 听两个朋友之间的电话对话，找出：

1) des conditions et leurs conséquences ; 一些表达条件和结果的语句；
2) un refus et une acceptation ; 分别表达拒绝和接受的一个语句；
3) une proposition. 提出的一个建议。

3. Ça sera comment ? 以后会怎样？

On organise un sondage pour savoir comment les gens imaginent ce que sera leur pays dans cinquante ans. Vous êtes chargé(e) de ce sondage et vous interviewez votre voisin(e). Pensez à tout ce qui pourra changer : l'éducation, l'emploi, l'environnement, les transports, les villes, la famille...

Trouvez deux ou trois idées par thème, puis inversez les rôles chaque fois que vous changez de sujet. 为了解人们对五十年后国家的设想，决定组织一次调查。你负责此次调查，去采访一下你的同桌。想想所有可能发生的变化，如：教育、就业、环境、交通、城市、家庭……每个主题说出两三种变化。每换一个主题，与同桌交换角色表演。

Exemple : – À votre avis, comment sera le système éducatif dans cinquante ans ?
– Je crois que beaucoup de cours se feront sur ordinateur.

4. Une voyante pas comme les autres. 一个与众不同的占卜师。

Vous êtes allé(e) voir une voyante. Elle vous a prédit un avenir très sombre. Vous racontez tout à un(e) ami(e). Elle essaie de vous consoler et vous assure qu'il ne faut pas croire à toutes ces prédictions... 你去找一个占卜师算命。她预测你前途暗淡。你把这件事情告诉了一个朋友，他（她）试图安慰你，告诉你不要相信什么预言……

Exemple : – D'après elle, je...
– Ne t'inquiète pas, mais oui tu..., il n'y a pas de raison... tu ne vas pas croire à tout ça...

ÉCRIT — Utiliser son expérience du monde pour comprendre

笔 语 —— 用自己的经验去理解

C'est déjà demain ! 明天到了！

Conte post-moderne

Le programme de musique s'affiche sur l'écran géant en relief et réveille Nicolas quand ses cycles de sommeil le permettent. Il bavarde un instant avec Émile, son ordinateur dévoué, qui lui souhaite une bonne journée cybernétique et lui rappelle son rendez-vous avec Amélie, sa femme virtuelle, qui habite à Honolulu.

Nicolas passe à la salle de bains. Son bilan de santé se fait instantanément : tout va bien. Puis il boit son café chaud et lit les dernières nouvelles sur l'écran plat de son journal électronique. Dès qu'il a terminé, les restes de son petit déjeuner sont immédiatement recyclés par sa poubelle qui compresse les déchets et enlève les odeurs.

Il met son casque et sa combinaison de réalité virtuelle qui permettent de simuler toutes les sensations. Émile appelle la femme de Nicolas. Elle apparaît presque aussitôt. Virtuellement, Nicolas et elle se retrouvent ainsi tous les jours, matin et soir à l'appartement et, chaque fin de semaine, dans leur maison de campagne. Ils se sont rencontrés sur le réseau il y a un an et ils vivent ensemble cybernétiquement depuis quelques mois. Ils sont heureux. Ils n'ont pas encore de bébé virtuel, mais ils vont bientôt en faire un.

Nicolas travaille chez lui. Il est menuisier. Il pose sur son bureau les croquis du meuble qu'il a dessiné. Émile obéit à ses instructions orales et les transforme en un objet tridimensionnel. Grâce à son visiocasque et à ses gants spéciaux, il le modifie comme il veut, en temps réel. Puis il le colore avec de la peinture et un pinceau virtuels. Une fois le meuble terminé, il lance le programme de fabrication qui est transmis à l'ordinateur central de l'usine.

Tiens, Nicolas reçoit un appel sur son visiophone de poignet ! C'est une communication surprise d'Amélie. Elle l'invite pour le soir même à dîner. Le moment venu, il établit le contact avec la cuisine d'Amélie. Émile, qui a déjà commandé tous les ingrédients nécessaires à l'hypermarché, pilotera les robots de la cuisine pour qu'ils reproduisent exactement tous les gestes de ceux d'Amélie. Leurs repas seront prêts au même moment. Quelle soirée délicieuse en perspective ! Ensuite, ils pourront passer quelques instants d'intimité virtuelle avant de s'endormir…

D'après un texte de *Challenges*, hors-série de novembre-décembre 1997.

Mariage virtuel : *plusieurs couples se sont déjà mariés officiellement sur le réseau. Leurs rencontres combinent la vidéo, le son et des clones virtuels en trois dimensions.*

Combinaison de sensations : *l'intérieur des gants et des combinaisons sont recouverts de capteurs qui peuvent donner des sensations de chaud, de froid et même de démangeaisons.*

1. Qu'est-ce qu'elles vous apprennent ?

Regardez les dessins et lisez les légendes. De quoi s'agit-il ? D'après le titre et ces légendes, imaginez l'histoire racontée par le texte. 看图片和说明文字。是关于什么内容？根据题目和图片的文字说明，想象一下文章所讲述的故事。

2. Comment Nicolas occupe-t-il sa journée ? Nicolas一天都忙些什么？

Mettez en ordre les événements suivants. 把下面的事件按时间先后顺序排列。

- **a** Nicolas crée des meubles.
- **b** Nicolas vérifie son état de santé.
- **c** Nicolas et Amélie passent une soirée agréable ensemble.
- **d** Nicolas et sa femme, époux virtuels, se retrouvent dès le matin.

3. À vos stylos !

Ce n'est pas tout !
Écrivez un paragraphe de quelques lignes en complément de ce texte. Imaginez d'autres activités de Nicolas : aller à l'usine de fabrication, voyager, rencontrer des amis... 还没有结束！给这篇文章写一段补充性的文字。想象一下Nicolas的其他活动，如去工厂、旅游、会见朋友，等等。

DES MOTS POUR LE DIRE 21

丰富你的词汇

Dans la nature 在大自然中

Les vacances vertes à **la campagne**

Les vacances blanches à **la montagne**

Les vacances bleues à **la mer**

1. Trouvez les verbes correspondants.

1) marche **2)** ski **3)** surf **4)** nage **5)** pêche

2. Associez-les.

Associez les verbes suivants à des mots des textes ci-dessus. 从上面的材料中找出能与下面动词相搭配的名词。

1) Partir en...
2) Faire de...
3) Monter sur...
4) Traverser...
5) Glisser sur...
6) Nager dans...
7) Prendre...
8) Faire du...

3. Où le fait-on ?

À quel type de vacances associez-vous les activités suivantes ? 你把下面的活动与什么类型的假期相联系？

1) Nager.
2) Faire de la planche à voile.
3) Se promener.
4) Monter en téléski.
5) Plonger.
6) Bronzer.
7) Faire des randonnées.
8) Faire du cheval.
9) Faire des châteaux de sable.

4. Quel est le genre ?

Sept noms de cette page font exception aux règles de détermination du genre. Lesquels ? 本页中有七个名词不符合名词阴阳性的一般规律，是哪些？

Pour faire le portrait d'un oiseau

Peindre d'abord une cage
avec une porte ouverte
peindre ensuite quelque chose de joli
quelque chose de simple
quelque chose de beau
quelque chose d'utile
pour l'oiseau
placer ensuite la toile contre un arbre
dans un jardin
dans un bois
ou dans une forêt
se cacher derrière l'arbre
sans rien dire
sans bouger
parfois l'oiseau arrive vite
mais il peut bien mettre de longues années avant de se décider
ne pas se décourager
attendre

JACQUES PRÉVERT, *Paroles*, © Éditions Gallimard, 1947.

VIVE LE TÉLÉPHONE PORTABLE !

手机万岁！

Découvrez les situations 情景学习

1. Interprétez les photos.

1) Que fait Benoît avec ses trois visiteurs ?
2) À quel(s) moment(s) les trois urbanistes se moquent-ils de Benoît ?
3) À la fin, les trois urbanistes tendent leur téléphone portable à Benoît. Pourquoi ?

2. Faites des hypothèses.

Visionnez l'épisode sans le son.

1) Combien de fois le téléphone de Benoît sonne-t-il ?
2) Qui peut téléphoner à Benoît ?
3) Comment ont-ils eu le numéro de son portable ?
4) Qu'en pensent les visiteurs ?

Benoît, M. Costa et deux étudiants découvrent la Défense.

M. Costa C'est un quartier qui paraît encore plus grand que sur les photos !

Benoît Vous avez raison. C'est une vraie ville où on trouve des magasins, des cinémas, des restaurants. Il y a...

Benoît est interrompu par son portable qui se met à sonner.

Benoît Excusez-moi.

Il répond au téléphone.

Benoît Allô... C'est Nicole qui t'a donné mon numéro ? Écoute, je ne peux pas parler maintenant, je te rappellerai plus tard... Oui, je sais, tes parents veulent changer leurs billets d'avion, mais ils ne partent que dans deux semaines, on en reparlera... Je vais m'en occuper, ne t'inquiète pas. Allez, salut.

Il raccroche, l'air un peu ennuyé. Benoît reprend la conversation.

Benoît Il y a une vie culturelle très active.

L'étudiant n° 1 — C'est un quartier où il y a beaucoup de bureaux ?

Benoît — Oui, plus de cent mille personnes viennent y travailler tous les jours !

M. Costa — Et combien de gens y habitent ?

Benoît — Vingt mille personnes habitent ici dans cette partie qu'on appelle…

Benoît s'arrête, car son téléphone sonne à nouveau. Il décroche avec un geste d'excuse. Il s'éloigne et se retourne de temps en temps.

Benoît — Oui ?… Oui, Julie, un peu. Je suis occupé… Oui, d'accord, je ferai les courses… Non, non, je n'oublierai pas la lessive… Mais oui ! Je penserai aussi au beurre !… Maintenant, je te laisse… Écoute, je vérifierai tout, j'achèterai tout, je paierai tout, d'accord ? J'ai vraiment du travail. Salut !

Benoît raccroche. M. Costa et ses étudiants sont amusés.

Benoît — Je suis désolé. Nous redescendons ?

Benoît et les Brésiliens se promènent sur le parvis.

M. Costa — Ce n'est pas trop dur pour les personnes qui vivent au milieu de ces tours de verre ?

Benoît — Je ne crois pas. Ce sont des gens qui aiment le calme.

L'étudiant n° 1 — Mais y a-t-il une vraie vie de quartier ?

Benoît — Oui, je crois. Les boutiques et les cafés que vous avez vus attirent beaucoup de monde.

Le téléphone sonne à nouveau.

Benoît — Je vais m'énerver !

Benoît décroche et répond, énervé.

Benoît — Oui !… (radouci) Ah, c'est toi, Nicole. Excuse-moi, mais ça n'arrête pas de sonner… Ah, je suis content pour lui. Et il va reprendre le travail cet après-midi ?… Oui, d'accord, je vais l'appeler. Merci, Nicole… Attends ! Arrête de donner à tout le monde le numéro de mon portable, tu veux !

Benoît raccroche.

Benoît — Richard se sent mieux. Il va sans doute nous rejoindre cet après-midi. Je vous laisserai avec lui. Il connaît la Défense bien mieux que moi.

M. Costa — Mais nous sommes très contents d'être avec vous, Monsieur Royer.

L'étudiant n° 1 — Est-ce que nous allons visiter le centre commercial des Quatre Temps ?

Benoît — Oui. Nous y allons maintenant si vous voulez. On pourra même y manger ! En chemin, je vais téléphoner à Richard et nous prendrons rendez-vous avec lui.

Benoît sort son portable et essaye de téléphoner.

Benoît — Mais, qu'est-ce qu'il se passe ? La batterie est déjà déchargée ? J'ai peut-être lu le mode d'emploi trop vite…

Les Brésiliens tendent vers lui trois téléphones portables avec un grand sourire.

M. Costa — Ne vous inquiétez pas, nous ne sommes pas coupés du reste du monde !

VOCABULAIRE 词汇表

actif, ve	*adj.*	活跃的
attirer	*v.t.*	吸引
batterie	*n.f.*	电池
calme	*n.m.*	安静，平静
chemin	*n.m.*	路，道路
commercial, e	*adj.*	商务的，商业的
couper	*v.t.*	隔离
décharger	*v.t.*	解除负担；放电，消除电荷
***décrocher**	*v.t.*	摘下（听筒）
dur, e	*adj.*	艰难的
emploi	*n.m.*	使用
(s')énerver	*v.pr.*	恼怒
***interrompre**	*v.t.*	打断
laisser	*v.t.*	离开，丢下
lessive	*n.f.*	洗衣粉
magasin	*n.m.*	商店
milieu	*n.m.*	（*pl.*~x）中间
au milieu de	*loc.prép.*	在……中间
mode	*n.m.*	方式，形式
mode d'emploi		使用方法
occupé, e	*adj.*	忙碌的
paraître	*v.i.*	好像，显得
partie	*n.f.*	部分
portable	*n.m.*	手机；笔记本电脑
rappeler	*v.t.*	再打电话
redescendre	*v.i.*	重新下来
rejoindre	*v.t.*	与……会合
reparler	*v.i.*	重说
(se) sentir	*v.pr.*	觉得，感到
sonner	*v.i.*	（铃声）响
tour	*n.f.*	大楼
vérifier	*v.t.*	核实
vie	*n.f.*	生活

ORGANISEZ VOTRE COMPRÉHENSION 22

剧情理解

Observez l'action et les répliques
观察剧情和人物对话

1. Vérifiez vos hypothèses.

Visionnez avec le son.
Benoît a reçu trois coups de téléphone. Qui téléphone et pourquoi ?

2. Qu'avez-vous appris sur la Défense ?

Quelles réponses Benoît a-t-il faites à ces questions ?

1) C'est un quartier où il y a beaucoup de bureaux ?
2) Et combien de gens y habitent ?
3) Mais y a-t-il une vraie vie de quartier ?

3. Que voulait julie ?

Reprenez le passage où Benoît reçoit un coup de téléphone de Julie.
Imaginez les répliques de Julie.

4. Qu'est-ce qu'ils disent ?

Décrivez la situation et retrouvez ce qu'ils disent.

Observez les comportements
观察人物行为

5. Quel comportement a Benoît ?

Observez les jeux de physionomie et les mimiques.

1) Quand il répond à Julie au téléphone, Benoît se retourne.
   a Pourquoi ?
   b Sur quel ton parle-t-il :
   • Rapide ou lent ? • Doux ou sec ?
   c Qu'est-ce que ce comportement signifie ?
2) À la fin de l'épisode, Benoît s'aperçoit que son téléphone ne fonctionne pas.
   Qu'est-ce que son visage exprime ?
3) Quand M. Costa et les deux étudiants lui tendent leur téléphone, quelle tête fait-il ?

6. Que dit-on pour…

Que disent les personnages pour :

1) écourter une conversation téléphonique ;
2) rassurer un interlocuteur ;
3) se plaindre de recevoir trop de communications ;
4) dire de ne pas communiquer un numéro à tout le monde ;
5) montrer qu'on ne comprend pas ce qui empêche un appareil de fonctionner.

DÉCOUVREZ LA GRAMMAIRE
语法学习

1. C'est Benoît qui fera tout !

Benoît répond aux questions de Julie. Attention au choix du pronom complément.

> ***Exemple :*** Tu feras les courses ?
> ☞ **Oui, je les ferai.**

1) Tu achèteras du beurre ?
2) Tu n'oublieras pas les tomates ?
3) Tu prendras de la viande ?
4) Tu commanderas des gâteaux pour dimanche ?
5) Tu prendras la note.

将来时的语用功能

- 表达可能、假设和预言
  Demain, le temps **sera** beau en plaine, mais il **pleuvra** en montagne.
  Quand tu **seras** grand, tu **comprendras** ce poème.
- 给出命令
  Tu **feras** les courses.
  Tu **iras** les accompagner.
  Tu m'**apporteras** le document demain.

2. Ils vont aller en Thaïlande.

Complétez cette lettre en utilisant le présent, le futur ou ***aller*** + infinitif. Dans certains cas, deux formes sont possibles.

Chère Marianne,

L'année prochaine nous (fêter)...... nos dix ans de mariage. Michel et moi avons décidé d'aller en Thaïlande. Nous (aller)...... au mois de février, c'est la meilleure saison. Il ne (faire)...... pas encore trop chaud car la saison des pluies ne (commencer)...... qu'en mai.

Nous (réserver)...... très vite car (il y a)...... certainement beaucoup de monde à cette période. Je (acheter)...... plusieurs guides pour faire notre itinéraire. C'est un grand pays et nous ne (pouvoir)...... pas tout visiter. (Il faut)...... faire des choix. Nous (choisir)...... de bons hôtels.

Je crois que tu (avoir)...... des amis à Bangkok. Est-ce que tu (pouvoir)...... leur dire que nous y (aller)...... ? Ils nous (donner)...... certainement de bons conseils. Tiens-moi au courant.

À bientôt.

Alice

用不同时态表达"将来"

- 在主观认为动作即将发生时，可用现在时，如：
  Alors, on se **voit** quand ? Tu **viens** demain ?
- 表示"打算"做某事，并且发生的时间就在眼前时，可用最近将来时，如：
  Nous **allons déménager**.
- 还可用简单将来时：
  Nous **déménagerons** quand notre nouvel appartement **sera** prêt.

当然，时态所表达出来的语气可以通过一些副词得到加强或减弱：
Nous déménagerons **certainement** dans la semaine.（确定的语气）
Nous allons **probablement** déménager dans quelques mois.（可能性）

3. Intention, probabilité ou obligation ?
打算、可能还是必须？

Regardez la page de l'agenda de Valérie Moreau pour les mois de novembre et décembre. Nous sommes fin octobre. Parlez de ses projets. Employez ***aller*** + infinitif s'il s'agit d'un projet déjà décidé, le futur simple s'il s'agit d'une probabilité et ***devoir*** + infinitif s'il s'agit d'une obligation. 阅读Valérie Moreau十一和十二月的日程安排。现在是十月底了。由你来说一下她的计划：已确定的事情用最近将来时；可能的事情用简单将来时；如果是必须完成的任务则用情态动词**devoir**来表达。

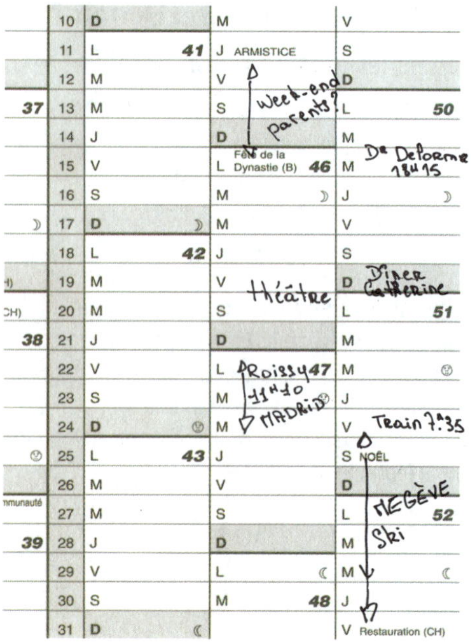

4. Deux phrases en une.

Réunissez les deux phrases avec le pronom relatif *qui*.

Exemple : C'est Nicole ? Elle t'a donné mon numéro ?
☞ **C'est Nicole qui t'a donné mon numéro ?**

1) Je t'annonce la venue d'urbanistes brésiliens. Ils viennent visiter la Défense.
2) Je vous présente mes étudiants. Ils sont venus pour étudier le complexe de la Défense.
3) Il y a des milliers de gens. Ils travaillent ici.
4) Ce sont de grandes entreprises. Elles ont leurs bureaux à la Défense.
5) C'est un grand centre commercial. Il attire beaucoup de gens.

关系代词(pronoms relatifs) qui, que, où

使用关系代词可避免重复表达上文已提及的名词，从而使句子显得精炼，如：
Je connais une femme. Cette femme parle chinois.
→ Je connais une femme **qui parle chinois**.
在上面例句中，关系代词为qui，其引导的从句“qui parle chinois”称为关系从句，由其代替的名词femme称为先行词。

根据关系代词在从句中的语法功能，应使用相应的形式。
● 关系代词在从句中作主语时用qui，如：
Les gens sont contents. Les gens sont venus.
→ Les gens **qui sont venus** sont contents.
Tu vois la pluie ? La pluie tombe.
→ Tu vois la pluie **qui tombe** ?

● 关系代词在从句中作宾语时用que，如：
Les gens ne nous connaissent pas. Nous avons vu ces gens.
→ Les gens **que nous avons vus** ne nous connaissent pas.
La pluie ne durera pas longtemps. Nous voyons la pluie tomber.
→ La pluie **que nous voyons tomber** ne durera pas longtemps.

● 关系代词在从句中作时间或地点状语时用où，如：
Nous nous rencontrions souvent dans les cafés de ce quartier. Ces cafés n'existent plus.
→ Les cafés **où nous nous rencontrions souvent** n'existent plus.
J'habite cette rue. Cette rue est très agréable.
→ La rue **où j'habite** est très agréable.
J'ai croisé Luc dans la rue un jour. Ce jour-là, il faisait beau.
→ Il faisait beau le jour **où j'ai croisé Luc**

5. C'est la Défense qu'on visite.

Réunissez les deux phrases par le pronom relatif COD *que*. Écrivez vos réponses. Avec quel(s) mot(s) s'accorde(nt) le participe passé de la proposition relative introduite par *que* ?

Exemple : Je vous présente les urbanistes brésiliens. Benoît les a accompagnés.
☞ **Je vous présente les <u>urbanistes brésiliens</u> que Benoît a accompagnés.**

1) Richard a téléphoné à des responsables. Vous allez les rencontrer.
2) Sur le parvis, il y a des statues. Vous les avez vues.
3) Ce sont des boutiques chères. Vous les avez visitées.
4) C'est là, dans cette partie. On l'appelle la Cité des affaires.

6. *Qui* ou *que* ?

Réunissez les deux phrases avec un pronom relatif.

1) Tu me montreras le portable. On te l'a donné hier.
2) Est-ce que tu pourras retrouver l'hôtesse ? Elle m'a donné de bons renseignements.
3) Vous avez la carte de téléphone ? Je vous l'ai prêtée il y a une heure.
4) Nous verrons des responsables. Ils nous recevront cet après-midi.
5) Tu changeras les billets d'avion. Mes parents les ont achetés lundi dernier.

SONS ET LETTRES

音与字母

1. Prononciation des semi-voyelles.

Écoutez et répétez.

1) Ne viens pas travailler à pied.
2) Crois-moi. C'est loin.
3) C'est pourtant le meilleur quartier.
4) Ne viens pas la nuit sous la pluie.
5) Oui, dis-lui aujourd'hui.
6) Il ne doit pas étudier dans le bruit.
7) Je ne vois pas bien la nuit.
8) Je suis bien mieux avec toi.

2. Opposition [k] et [g].

Distinguez le [k] du [g], puis répétez.

半元音（semi-voyelles）

半元音从不单独发音。半元音与其后面的元音属于同一音节。

[j] r**i**en, deux**i**ème, trava**il**, mil**i**eu

[w] m**oi**, s**oi**gne-t**oi**, **ou**i, l**oi**n

[ɥ] s**u**is, l**u**i, aujourd'h**u**i

！字母组合oi读[wa]，oin读[wɛ̃]。

COMMUNIQUEZ

语言交际

1. Visionnez les *Variations*.

1) Pour chacun des actes de parole des *Variations*, trouvez-en un autre de sens opposé pour continuer une conversation téléphonique. 给右面Variations中的每一个表达方式找出语义相反的说法，并把电话内容继续下去。

Exemple : Écoute, je ne peux pas te parler...
☞ **Mais oui, je peux te parler. J'ai tout mon temps.**

2) Jouez les deux situations suivantes avec votre voisin(e).

a Un(e) ami(e) vous téléphone au mauvais moment. Vous ne voulez pas engager la conversation, mais votre ami(e) ne fait pas attention à ce que vous lui dites... 一个朋友在不适宜的时候打来电话。你不想多说，可是他（她）却对你所说的话不予理睬……

b Vous venez d'avoir une assez longue conversation téléphonique et vous voulez y mettre fin. Votre interlocuteur/interlocutrice veut continuer de parler. 你刚煲了个电话粥，现在想结束谈话。可是对方却谈兴未尽。

如何中断电话通话

1) Écoute, je ne peux pas te parler maintenant. Je te rappellerai plus tard.
2) Excuse-moi, je suis occupé pour le moment. On peut se rappeler plus tard. D'accord ?
3) Pardon, mais je ne peux pas te parler maintenant. Je te rappelle.
4) Maintenant, je te laisse. J'ai vraiment du travail.
5) Excuse-moi, je ne peux pas continuer à te parler. J'ai un autre appel.
6) On arrête. Je n'ai pas le temps de te parler maintenant. À bientôt.

2. L'un aime, l'autre pas.

Deux personnes regardent les plans de leur ville – l'un ancien, l'autre de réhabilitation –, et discutent des modifications. L'une est nostalgique du passé, l'autre ne pense qu'à l'avenir et à ce qu'il y aura. Imaginez la conversation et jouez-la à deux. 两个人在看一座城市的新旧地图，并谈论其中的变化。其中一人很怀旧，另一人却对未来充满遐想。想象并表演他们的对话。

Exemple : – Il y a vingt ans, il y avait... on voyait...
– Oui, mais regarde, bientôt, il y aura... on construira... on verra...

3. Retenez l'essentiel.

Écoutez l'enregistrement et répondez aux questions.

1) Comment peut-on accéder sous les toits ?
2) Quand la Grande Arche a-t-elle été inaugurée ?
3) Citez au moins deux grandes institutions installées à la Grande Arche.
4) Quelle forme a-t-elle et quelles sont ses dimensions ?

4. Interviewez des personnalités.

Préparez les questions et interviewez votre voisin(e).
Utilisez soit le futur, soit ***aller*** + infinitif.

Brigitte Tourneur
Chanteuse.
Enregistrer un nouveau CD.
Tournée en Europe.
Tourner un film.

Laurent Noir
Joueur de football.
Changer d'équipe.
Jouer pour un club étranger.
Se marier.
Faire de la publicité.

Pascal Direnque
Coureur cycliste.
Participer à des classiques l'an prochain.
Préparer le prochain tour de France.
Tester un nouveau vélo.

Des villes qui bougent

Trop de bruit, trop de monde, trop de pollution sont les reproches le plus souvent adressés à leur ville par les citadins. Pourtant, les municipalités essayent d'offrir des réponses aux problèmes posés. Comme à Issy-les-Moulineaux où des zones piétonnes sont aménagées pour offrir aux habitants des espaces de calme et de sécurité.

Une rue piétonne.

Hôtels particuliers, immeubles classés, HLM des années trente à nos jours, résidences de standing, tours de bureaux et d'habitations forment un Paris aux visages multiples et en constante évolution.

La preuve : le 13e arrondissement, le quartier où se trouve la Très Grande Bibliothèque est en complète rénovation. Les grues sont aussi hautes que les tours environnantes. On démolit, on reconstruit, on transforme.

Et ce bâtiment sera bientôt, une fois rénové, le nouveau musée de la Marine.

Des initiatives plus modestes peuvent aussi améliorer la vie urbaine. Dans ce village de Cailar, dans l'Hérault, un artiste local a eu la bonne idée de transformer de simples panneaux de signalisation en œuvres d'art. Trouver le salon de coiffure ou le maçon ? Se repérer sur une carte ? Un plaisir… et un jeu d'enfants !

1. Qu'est-ce que vous avez entendu à Paris ?

1) a Édifices.
   b Hôtels particuliers.
   c Constructions.
   d Tours de bureaux.
   e Palais.
   f Résidences.
   g HLM (habitations à loyer modéré).
2) a Réhabiliter.
   b Rénover.
   c Démolir.
   d Transformer.
   e Édifier.
   f Reconstruire.

2. Les villes bougent.

1) Quels sont les trois lieux montrés dans le reportage ?
2) Lequel fait un contraste avec les deux autres ? Pourquoi ?
3) Quelles mesures a pris la municipalité d'Issy-les-Moulineaux ?
4) Quelle initiative a eue celle du Cailar ?
5) Que se passe-t-il dans le 13e arrondissement de Paris ?

3. Et dans votre pays ?

1) Citez un ou deux projets d'urbanisme importants dans votre pays et décrivez-les.
2) Quelles sont les tendances actuelles en matière d'urbanisme ?

Lyon.

DES VILLES QUI BOUGENT

Située au confluent du Rhône et de son affluent, la Saône, la ville de Lyon est, depuis le temps des Romains, un carrefour de voies naturelles qui fait communiquer le centre de la France avec l'Est, la Suisse et l'Italie, et qui relie les pays du nord à la Méditerranée. C'est actuellement la deuxième ville française avec ses 1 100 000 habitants. C'est la capitale de la région Rhône-Alpes, après avoir été la capitale des Gaules.

Aujourd'hui, Lyon est un pôle industriel avec ses laboratoires médicaux et ses installations de pétrochimie, à deux heures de Paris par le TGV. Son université est très active et les plus grands instituts de recherche y sont installés.

La Gare de Lyon Satolas.

DOSSIER 12

ÉPISODE 23

50 FOULARDS OU RIEN !

五十条围巾——一张令人犯难的订单!

ÉPISODE 24

PRÊTS POUR LA FÊTE ?

准备好过节了吗?

VOUS ALLEZ APPRENDRE À :

- exprimer la volonté
- exprimer l'obligation
- exprimer le doute
- exprimer le but
- discuter du prix de quelque chose
- exprimer l'étonnement

VOUS ALLEZ UTILISER :

- le subjonctif présent
- des verbes et des expressions suivis du subjonctif dans la proposition subordonnée
- l'infinitif ou le subjonctif dans la proposition subordonnée
- la conjonction *pour que* + subjonctif
- des unités de mesure

本单元中，你将学会：

- 表达意愿
- 表达必须
- 表达怀疑
- 表达目的
- 讨价还价
- 表示惊讶

你将使用：

- 虚拟式现在时
- 要求从句用虚拟式的动词或动词短语
- 不定式或虚拟式（在从句中）
- 连词短语 *pour que* + 虚拟式
- 度量单位

50 FOULARDS OU RIEN !

五十条围巾——一张令人犯难的订单

Découvrez les situations 情景学习

1. Interprétez les photos.

1) Avec qui est-ce que Julie discute au début de l'épisode ?
2) Où va Julie ?
3) Qu'est-ce qu'elle fait dans la galerie ?

2. Faites des hypothèses.

1) Qu'a dit Mme Dutertre à Julie ? Que lui a-t-elle donné ?
2) Quelle est la profession du propriétaire de la galerie ?
   a Peintre.
   b Décorateur.
   c Antiquaire.
3) Pourquoi est-ce que Julie va le voir ?
4) Qu'est-ce qu'il veut faire avec le foulard ?

3. Regardez les images.

Visionnez l'épisode sans le son.

1) Parmi les meubles et les objets suivants, quels sont ceux qui sont exposés dans la galerie ?
   a Une lampe.
   b Un vase.
   c Des tableaux.
   d Un bureau.
   e Des statuettes.
   f Un éléphant noir.
2) De quelle époque sont les objets ?
   a XVIIIe siècle.
   b Années Trente (Art déco).
   c Époque actuelle.

Julie entre dans la boutique de Mme Dutertre et se dirige vers elle avec un large sourire.

Julie Bonjour, Madame Dutertre. Il y a longtemps qu'on ne s'est pas vues.

Mme Dutertre Oui. Mon mari travaille en province, maintenant. Il veut que j'aille le rejoindre quelques jours tous les mois. Nous ouvrons une boutique à Bordeaux et il faut que vous me donniez des échantillons de vos bijoux.

Julie Avec plaisir ! Les foulards aussi se vendent bien ?

Mme Dutertre montre un foulard.

Mme Dutertre Oh oui, c'est le dernier qui me reste. Et un client voulait m'en commander une grande quantité. Il faut que vous alliez le voir. C'est un antiquaire spécialisé dans la période 1930. Il a une galerie au marché aux puces de Saint-Ouen. Vous connaissez ?

Julie Euh oui…

Mme Dutertre (tend une carte) Voici son adresse. Il attend votre visite samedi. Il vous expliquera pourquoi ces foulards l'intéressent.

Julie (hésitante) Ah, samedi…J'avais un rendez-vous. Mais ça ira. Je me décommanderai… .

ÉPISODE 23

Mme Dutertre Oui, je crois que c'est très urgent. M. Lesage a beaucoup insisté. Téléphonez-moi la semaine prochaine pour me raconter.

Julie approche de la galerie de M. Lesage et y entre. Elle y reste seule quelques instants, puis M. Lesage entre à son tour.

M. Lesage Bonjour, Mademoiselle. Je peux vous aider ?

Julie Oui, j'ai rendez-vous avec M. Lesage.

M. Lesage C'est moi. Ah, vous êtes Mlle Prévost ! Vous avez trouvé votre chemin sans difficulté ?

Julie Oui, assez facilement. Vous avez de très beaux objets, ici ! Vous êtes installé depuis longtemps ?

M. Lesage Oh, oui, depuis toujours ! Mes parents ont été antiquaires toute leur vie. À leur retraite, ils ont souhaité que mon frère et moi reprenions leur galerie.

Julie Ah, vous travaillez avec votre frère ?

M. Lesage Plus maintenant. Nous nous sommes séparés il y a quelques mois. Il veut se spécialiser en art contemporain[1]. Mais on ne s'est pas fâchés !

Julie Mme Dutertre m'a dit que vous étiez intéressé par nos foulards ?

M. Lesage C'est exact. Je vais vous expliquer. Tous les ans, les antiquaires du marché aux puces organisent une fête. Ils décorent tous leur boutique en fonction d'un même thème pour qu'il y ait une unité. Cette année, le thème, c'est les fleurs.

Julie Ah ! Je comprends. Vous voulez des foulards pour décorer votre boutique.

M. Lesage Exactement. Le motif que j'ai vu chez Mme Dutertre est tout à fait dans le style de ma galerie.

Julie sort un foulard de son sac.

Julie Oui, un peu comme celui-ci. Violaine, l'artiste qui les crée, aime beaucoup s'inspirer de l'époque Art déco[2].

M. Lesage prend le foulard et le place contre un mur.

M. Lesage (il fait des gestes) Oui, c'est tout à fait ce qu'il me faut. Je veux en mettre ici, sur ces deux murs.

Julie Mais alors, vous en voulez beaucoup ?

M. Lesage Mais, oui. Il m'en faut une cinquantaine pour que ces deux murs soient couverts.

Julie Et cette fête, elle a lieu quand ?

M. Lesage Samedi prochain.

Julie Samedi ? Vous voulez que mon amie fasse cinquante foulards en six jours ?

M. Lesage Eh oui ! Il faut que j'aie cinquante foulards ou rien !

NOTES 课文注释

1 art contemporain : 当代艺术，通常指二战以后出现的各种艺术形式。

2 Art déco : 装饰艺术风格，名称来源于1925年法国的“世界艺术装饰和工业博览会”，盛行于两次世界大战期间，即上世纪二三十年代。装饰艺术风格运用大量花卉、植物、昆虫幻化的曲线，拥有纯粹而艳丽的色彩，自然的几何图案，金属原始的光辉及充满质感的材料。

VOCABULAIRE 词汇表

antiquaire	*n.*	古董商
***approcher**	*v.t.ind.*	(+ de) 向……走近
art	*n.m.*	艺术
avoir lieu		举行，发生
Bordeaux	*n.pr.*	波尔多
cinquantaine	*n.f.*	五十个左右
commander	*v.t.*	订购，定做
contemporain, e	*adj.*	当代的
couvert, e	*adj.*	遮盖的
(se) décommander	*v.pr.*	取消约会
difficulté	*n.f.*	困难
échantillon	*n.m.*	样品
en fonction de	*loc.prép.*	根据
exact, e	*adj.*	正确的
galerie	*n.f.*	画廊
insister	*v.i.*	(+ sur) 强调，坚持
(s')inspirer	*v.pr.*	(+ de) 从……汲取灵感
installer	*v.t.*	安置，安顿
motif	*n.m.*	花样，图案
mur	*n.m.*	墙
période	*n.f.*	时期
province	*n.f.*	外省，省份
puce	*n.f.*	跳蚤
quantité	*n.f.*	数量
retraite	*n.f.*	退休
(se) séparer	*v.pr.*	分离，分开
spécialisé, e	*adj.*	专门的，专业的
(se) spécialiser	*v.pr.*	(+ en) 专门研究，专攻
thème	*n.m.*	主题
unité	*n.f.*	统一（性），一致（性）

剧情理解

Observez l'action et les répliques
观察剧情和人物对话

1. Ça ne s'est pas passé comme ça ?

Visionnez l'épisode avec le son.
1) Corrigez les affirmations fausses. Ajoutez des événements si nécessaire. 改正错误的信息。如有必要，增加一些事件。

a Mme Dutertre ne veut rien acheter à Julie.
b Julie quitte la boutique de Mme Dutertre, les larmes aux yeux.
c Julie cherche la galerie de M. Lesage et demande son chemin.
d M. Lesage ne dit pas à Julie pourquoi il veut cinquante foulards.

2) Liez les phrases pour écrire un résumé.

2. On peut le dire autrement.

Retrouvez les énoncés qui peuvent être remplacés par les phrases suivantes. 找到影片里可以被下列句子代替的话语。

1) Je n'ai plus que celui-là.
2) Vous n'avez pas eu de problème pour trouver la galerie ?
3) J'ai l'impression qu'il est très pressé.
4) Mais nous sommes restés en bons termes.
5) Ils sont parfaits pour ce que je veux faire.

Observez les comportements
观察人物行为

3. Quelle tête font-ils ?

1) Qu'est-ce qui indique que Mme Dutertre est une femme décidée et autoritaire ?
2) De quoi a l'air M. Lesage ? D'un homme :
a distingué ; b autoritaire ; c timide ; b dynamique ; e content de lui.
3) À la fin de la dernière scène, le visage de Julie exprime :
a la satisfaction ; b l'inquiétude ; c la stupéfaction.
Julie ouvre de grands yeux… Qu'est-ce que ça exprime ?

4. Quel est leur comportement ?

1) Mme Dutertre demande à Julie si elle connaît les Puces. Julie hausse les sourcils et les épaules.
Qu'est-ce que cela signifie ? Comment est-ce qu'elle répond ?
2) Julie hésite à accepter le rendez-vous proposé par Mme Dutertre.
Qu'est-ce qui, dans son attitude, marque la surprise et un léger ennui ? Que répond-elle ?
3) M. Lesage parle de son frère.
Qu'est-ce qui montre qu'il n'apprécie pas ses choix ?
4) M. Lesage dit qu'il lui faut cinquante foulards ou rien.
Comment est-ce qu'il marque son affirmation par ses gestes et son ton de voix ?

5. Comment est-ce qu'ils le disent ?

Dans les dialogues, trouvez :

1) deux façons d'exprimer une volonté ;
2) deux façons d'exprimer une obligation ;
3) une façon d'exprimer un but ;
4) une expression d'étonnement et de doute.

DÉCOUVREZ LA GRAMMAIRE

语法学习

1. Il faut que tu en parles !

Écoutez le message téléphonique et transformez les conseils en obligations.

2. Qu'est-ce qu'ils veulent ?

Transformez la probabilité en obligation.

Exemple : Mme Dutertre ira rejoindre son mari en province.
☞ **Il faut que Mme Dutertre rejoigne son mari en province.**

1) Mme Dutertre et son mari ont fait le projet d'ouvrir une boutique à Bordeaux.
2) Mme Dutertre passera sans doute une commande.
3) Elle a l'intention de vendre aussi des bijoux.
4) Julie ira probablement à la galerie de M. Lesage.
5) Les antiquaires pensent décorer leur magasin pour la fête.
6) On demande à Violaine de faire cinquante foulards.

3. Qu'est-ce qu'il faut qu'il fasse ?

Émile veut se marier. Regardez les dessins et dites-lui tout ce qu'il faut qu'il fasse avant le grand jour. Jouez la scène avec votre voisin(e). Émile想要结婚。看下列图片，说出结婚之前他所需要做的事情。与同桌表演对话。

虚拟式现在时(le subjonctif présent)

虚拟式现在时的构成

- 单数人称及第三人称复数
  直陈式现在时的第三人称复数去掉-ent，加上 -e, -es, -e, -ent

tenir → ils **tienn**ent
→ que je tienn**e**   que tu tienn**es**
qu'il tienn**e**   qu'ils tienn**ent**

boire → ils **boiv**ent
→ que je boiv**e**   que tu boiv**es**
qu'il boiv**e**   qu'ils boiv**ent**

- 第一和第二人称复数
  直陈式现在时第一人称复数去掉-ons，加上未完成过去时的后缀-ions，-iez

tenir → nous **ten**ons
→ que nous ten**ions**   que vous ten**iez**

boire → nous **buv**ons
→ que nous buv**ions**   que vous buv**iez**

! 注意下列动词的特殊变化：

aller	que j'**aill**e	que nous **all**ions
être	que je **sois**	que nous **soy**ons
avoir	que j'**aie**	que nous **ay**ons
savoir	que je **sach**e	que nous sachions
faire	que je **fass**e	que nous fassions
pouvoir	que je **puiss**e	que nous puissions
vouloir	que je **veuill**e	que nous **voul**ions

虚拟式现在时的使用

虚拟式用来表达说话人的主观意愿和情绪。虚拟式适用范围很广，如可以用在：

- 以pour que, afin que, de sorte que, de manière que等连词词组引导的目的从句中：
  Arrête la musique **pour que** nous puissions travailler tranquillement.
  J'ai prévenu tout le monde de l'heure de la réunion **de sorte que** personne ne soit en retard.
- 由动词vouloir, aimer, souhaiter等动词引导的动词宾语从句中（详见下一课语法）。
- 形容词补语从句中：
  Nous sommes contents que vous soyez présents à notre soirée.
  Je suis vraiment étonné que tu fasses le ménage toi-même.

4. C'était dans les années vingt, trente.

Complétez ce texte en mettant les verbes entre parenthèses au temps du passé qui convient.

Le style Art déco (apparaître)............ après l'Exposition internationale des arts décoratifs qui (se dérouler)............ à Paris en 1925. Le style qui le (précéder)............, l'Art nouveau, (rompre)............ déjà avec la décoration lourde des siècles précédents. Les gens ne (vouloir)............ plus de meubles trop décorés et il (falloir)............ que les décorateurs trouvent d'autres styles. L'Art déco se (caractériser)............ à l'époque par la simplicité des lignes et la richesse des matériaux. Les artistes (savoir)............ allier le savoir-faire du XVIIIe siècle et la simplicité que (exiger)............ leurs clients. L'Art déco (marquer)............ le début du modernisme.

5. Que souhaitez-vous ?

Faites cinq souhaits pour vous ou pour d'autres. Utilisez : ***je souhaite que, je voudrais que, j'aimerais que...*** + subjonctif. Demandez à votre voisin(e) ce qu'il/elle souhaite.

6. Subjonctif ou infinitif ?

Complétez la conversation avec les verbes entre parenthèses.

- Françoise veut que tu (aller)............ au marché ce matin.
- Je suis désolée, mais je n'ai pas le temps d'y (aller)............ .
- Il faut que tu la (prévenir)............ .
- Je veux bien la (prévenir)............, mais qu'est-ce que ça va changer ?
- Elle veut que ce (être)............ Jacques qui (faire)............ les courses si tu ne peux pas les faire.
- Ça ne le gêne pas de les faire ?
- Si, mais il faut bien que quelqu'un les (faire)............ .

从句中的不定式和虚拟式

- 如果主从句的主语相同，从句就不应用虚拟式，而是用不定式。
- 如果主从句的主语不同，从句使用虚拟式。

J'ai besoin d'argent **pour partir** en vacances.（主语相同）

Je vous donnerai de l'argent **pour que vous partiez** en vacances.（主语不同）

Je veux **y aller**.（主语相同）

Je veux **que vous y alliez**.（主语不同）

Achetez de la soie **pour que je peigne** des foulards.（主语相同）

Je veux **que vous achetiez** de la soie **pour peindre** des foulards.（主语不同）

7. Dans quel but ?

Transformez les phrases pour utiliser une proposition de but introduite par ***pour*** + infinitif ou par ***pour que*** + subjonctif selon les cas.

Exemple : Si vous voulez que je vous en garde une grande quantité, téléphonez-moi.
☞ **Il faut me téléphoner pour que je vous en garde une grande quantité.**

1) Si je vous apporte des bijoux, vous les vendrez.
2) Si vous me faites cinquante foulards, je décorerai mon magasin.
3) Si je me décommande, je pourrai aller voir votre galerie.
4) Si je n'ai que cinq jours, je ne pourrai pas peindre cinquante foulards.
5) Si vous me faites un bon prix, je vous les achèterai.
6) Si vous voulez vous rendre compte de l'authenticité des objets, étudiez bien les styles.

SONS ET LETTRES
音与字母

双辅音(consonne double)

从发音的角度来说，一个词里面的双辅音被视作一个辅音。如：
la gra**mm**aire, a**ll**umer, i**nn**over。

但如果前一词的词末与后一词的词首有同样的辅音，那么应分别发音，而不能简单地读成一个辅音。如：
Il le dit. 不能读成 Il dit.

1. Distinguez les consonnes simple et double. 区分单双辅音。

Écoutez et dites quelle est la place de la consonne double (place 1 ou 2). Puis répétez.

2. Ce sont des phrases de tous les jours ! 常用的句子也有这种现象！

Prononcez la consonne double, sinon vous perdez du sens. 读下列句子，注意双辅音的发音，否则会产生意义缺失。

1) Il l'a dit chez le libraire.
2) Je me moque de ce qu'il vient de dire.
3) Il n'y a pas de doute. Je ne nie pas les faits.
4) Il n'y a plus de danger. L'auto vient de doubler.
5) Tu me mets du sucre dans le lait !

COMMUNIQUEZ
语言交际

1. Visionnez les *Variations*.

1) Dans quelles situations peut-on utiliser les actes de parole du tableau ?

2) Jouez les situations suivantes avec votre voisin(e).

a Vous retrouvez un(e) ami(e) que vous n'avez pas vu(e) depuis longtemps…

b On vous donne rendez-vous à une date qui ne vous est pas possible. Vous négociez et vous finissez par changer la date.

与久违的人重逢

1) Il y a longtemps qu'on ne s'est pas vus.
2) Ça me fait plaisir de vous voir, depuis le temps.
3) On ne vous voyait plus ces derniers temps.
4) Ça fait longtemps que je ne vous vois plus.

接受或拒绝约会

- – Il attend votre visite samedi.

1) – Ça ira. Il faut que je me décommande. C'est tout.
2) – Je vais m'arranger. Il faut que j'annule un rendez-vous.
3) – Je crois que c'est possible. Il faut que je réorganise ma journée.

- – Il attend votre visite samedi.

4) – Ce n'est pas possible. Je ne peux pas changer mes plans maintenant.
5) – Je ne vois pas comment faire. Impossible de déplacer mon rendez-vous de samedi !

2. Le commissaire-priseur. 拍卖师。

Écoutez le commissaire-priseur adjuger ces objets. Recopiez et remplissez le tableau.

Meuble	Époque	Caractéristiques	Prix
…	…	…	…

3. Chut, c'est un secret !

Écoutez les conversations et répondez aux questions.

1) Qui est la première personne à connaître le secret ?
2) Qui trouve Sylvie un peu bizarre ?
3) Quelle est la dernière nouvelle du jour ?

Téléphonez à l'une des autres jeunes femmes pour lui apprendre cette nouvelle.

4. Que souhaitez-vous ?

Faites des propositions pour que les conditions de vie dans votre ville ou dans votre pays soient meilleures (éducation, travail, loisirs, transports, pollution, chômage...). Jouez à deux. Chacun(e) fait un souhait à son tour. Puis, on écrit les dix meilleurs souhaits par ordre d'importance. On compare alors ces souhaits avec ceux des autres groupes. 为了使你的城市（或国家）的生活条件得到改善（如教育、工作、休闲、交通、环境、就业等），现在由你来提出建议。两人表演，每个人轮流表达自己的愿望。然后把十种最美好的愿望按重要程度的顺序记下来，并与其他组的愿望作比较。

5. Jeu de rôles.

Jouez à deux, puis changez de rôle.

Vous voulez rapporter un cadeau à un(e) parent(e) ou un(e) ami(e). Vous entrez chez un antiquaire pour regarder, demander des renseignements et, éventuellement, acheter un objet : statue, vase, boîte en argent, lampe... 两人表演对话，然后交换角色。
你需要送给一个亲戚或朋友一份礼物。你走进一家古董店挑选，并询问商品的相关信息。有可能的话，你会购买一件物品：雕像、花瓶、银盒、台灯……

Un musée sur les Champs-Élysées 香榭丽舍大街上的博物馆

Si le public semble ne pas aller autant dans les musées de nos jours, il faut que les œuvres d'art aillent à la rencontre du public !

Au printemps 1996, les Parisiens ont pu admirer pendant plusieurs semaines cinquante œuvres des meilleurs sculpteurs du XXe siècle, de Rodin à César, entre le rond-point de l'avenue des Champs-Élysées et l'obélisque de la place de la Concorde. Parmi les cinquante œuvres présentées, figuraient le *Balzac* de Rodin (1), à l'origine de la sculpture moderne, un Picasso de 4 tonnes, une *Nana* multicolore de Niki de Saint-Phalle (2), et des œuvres de Bourdelle, Moore, Zadkine, Dubuffet, entre autres, un kilomètre d'œuvres monumentales pour raconter l'aventure de l'art moderne qui, grâce à l'imagination et à l'inspiration de grands artistes, a su bousculer la tradition.

1

2

1. Que nous dit le texte ?

Retrouvez les éléments qui permettent de situer et de comprendre.
Répondez aux questions : Quel événement ? Où ? Quand ? Qui ? Pourquoi ?

2. Quels sont les résultats du sondage ?

1) Quelle activité culturelle attire le plus les Français ?
2) Quelle activité culturelle a le plus augmenté ?
3) Quelles formes d'art touchent le moins les Français ?
4) Quelle est la tendance générale depuis 1989 ?

Ils ont été au moins une fois dans l'année...	
Au cinéma	49 % (+ 0 %)*
Au musée	33 % (+ 3 %)
Dans une bibliothèque	31 % (+ 8 %)
Dans un monument historique	30 % (+ 2 %)
À un spectacle des arts de la rue	28 %
Au théâtre	16% (+ 2 %)
Au cirque	13 % (+ 4 %)
À un spectacle de danse	8 % (+ 2 %)
N'ont jamais été de leur vie...	
Au cinéma	5 %
Au cirque	23 %
Dans un musée	23 %
Dans un monument historique	29 %
Au théâtre	43 %
Dans une galerie d'art	66 %
À un spectacle de danse	68 %
À un concert de musique classique	72 %
À un concert rock	74 %
À un opéra	81 %

Ministère de la culture, 1997.

* Écart par rapport à l'enquête de 1989.

3. À vos stylos !

Vous travaillez pour un magazine artistique. Écrivez un texte pour accompagner le tableau et exposer les résultats du sondage.

DES MOTS POUR LE DIRE 23

丰富你的词汇

Le septième art : le cinéma 第七艺术：电影

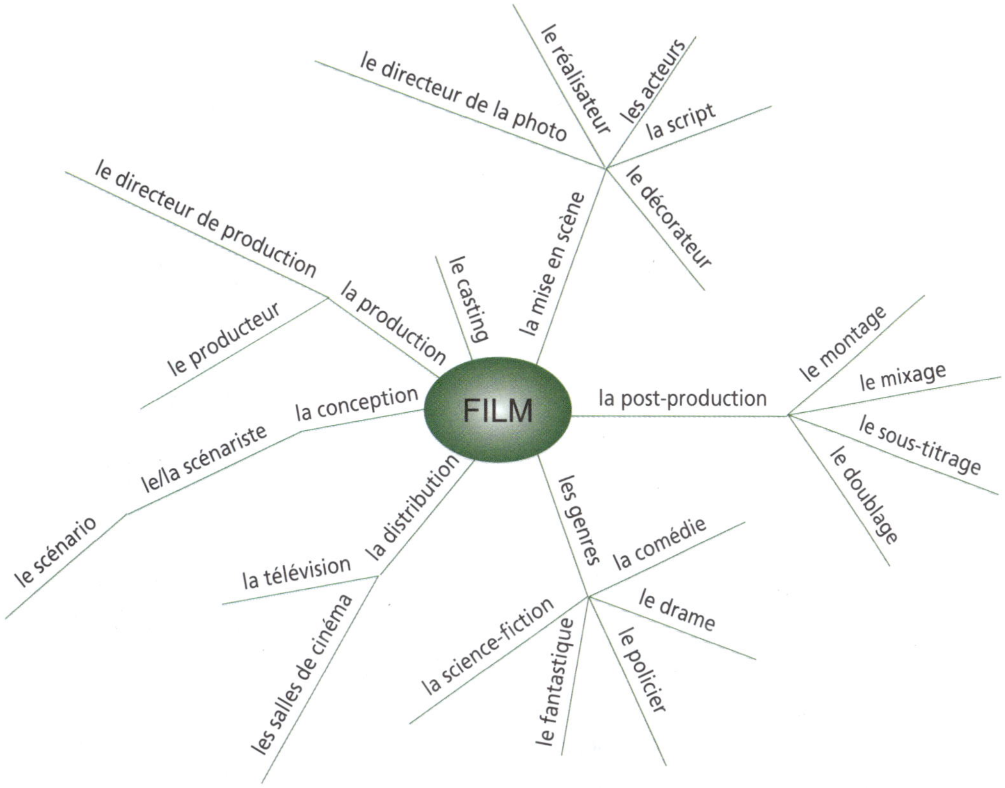

Qui sont-ils ?

1) C'est lui qui dirige les acteurs et les techniciens sur le plateau de tournage.
2) C'est lui qui règle la mise au point des images.
3) Ils apparaissent dans le film.
4) C'est celui qui a la responsabilité financière de l'opération.
5) Il permet de suivre un film dans sa langue.
6) Il conçoit et écrit l'histoire et les dialogues.

这是部什么样的电影？

bon, médiocre, sans intérêt, génial, fantastique, émouvant, sans génie, plat, inintéressant, merveilleux, exceptionnel, monotone, stimulant, horrible, épouvantable, dramatique, comique, tragique, sulfureux...

le gros plan 特写镜头	le plan américain 半身镜头	le plan en pied 全身镜头	le plan général 全景

PRÊTS POUR LA FÊTE ?
准备好过节了吗？

Découvrez les situations 情景学习

1. Interprétez les photos.

Décrivez les photos, puis répondez aux questions.

1) Que font Violaine et Julie devant l'étalage de tissus ?
2) Quelle est la profession de l'homme avec qui elles discutent ?
3) Qu'y a-t-il dans le carton que Julie rapporte à l'appartement ?
4) Quelle est l'attitude de Julie sur la dernière photo ?

2. Regardez les images.

Visionnez l'épisode sans le son.

1) Qu'est-ce que vous avez vu ?
2) Comment sont habillées les deux jeunes femmes ?
3) Que fait Pascal avec le foulard de Julie ?

3. Faites des hypothèses.

1) Pourquoi Violaine et Julie ont-elles une discussion animée au début de l'épisode ?
2) Pourquoi Violaine et Julie vont-elles acheter du tissu ?
3) Pourquoi est-ce que le vendeur semble surpris ?
4) Qu'est-ce que Pascal montre à Julie ? Pourquoi ?

1

2

3

Dans la boutique, Violaine et Julie discutent.

Violaine	Mais tu ne te rends pas compte !
Julie	Je te rapporte une commande de 15 000 francs (2 300 euros environ) et tu n'es pas contente !
Violaine	Tu me rapportes une super commande, je te remercie. Mais cinquante foulards en six jours, c'est plus facile à dire qu'à faire !
Julie	Personne ne peut te donner un coup de main ?

Violaine réfléchit.

Violaine	Peut-être... J'ai deux copines qui sont très bonnes. On a suivi les mêmes cours. J'ai peur qu'elles ne soient pas libres.

Julie prend le téléphone et le tend à Violaine.

Julie	Téléphone-leur rapidement pour qu'on s'organise.
Violaine	Et puis, il faut trouver de la soie...

ÉPISODE 24

Julie et Violaine sont au marché Saint-Pierre[1]. Violaine s'adresse à un vendeur, Daniel, qu'elle a l'air de bien connaître.

Violaine — Bonjour, Daniel.

Daniel — Bonjour, Mademoiselle Violaine. (Il regarde Julie et lui fait un signe de tête.) Mademoiselle.

Violaine fait les présentations.

Violaine — Daniel, mon fournisseur préféré, Julie, ma vendeuse préférée. Daniel, j'ai besoin d'une grosse quantité de soie, aujourd'hui. Il faut que vous me fassiez un bon prix.

Daniel — Oh, ici, on commande et après on discute. Vous connaissez nos habitudes ! Alors combien de kilomètres est-ce que je vous donne ?

Violaine — Cinquante mètres me suffiront !

Daniel — Mais qu'est-ce que vous allez faire avec cinquante mètres de soie ? Je ne pense pas que vous ayez l'intention de recouvrir le Sacré-Cœur[2] ?

Violaine — Pas cette fois-ci. Mais j'ai une grosse commande et je suis très pressée.

Daniel redevient sérieux.

Daniel — Je suis désolé, Mademoiselle Violaine, mais je ne peux pas vous donner ça maintenant. J'ai commencé mon dernier rouleau hier.

Violaine — Combien il vous en reste ?

Daniel — Pas plus de vingt mètres.

Violaine — Eh bien, donnez-moi ces vingt mètres.

Daniel disparaît pour aller chercher la soie. Violaine et Julie attendent. Elles regardent les tissus et elles discutent.

Julie — Tu connais d'autres fournisseurs ?

Violaine — Bien sûr. Mais ce sera plus cher...

Violaine et Julie quittent le marché Saint-Pierre. On aperçoit le Sacré-Cœur.

Julie entre dans l'appartement avec un gros paquet.

Pascal — Ah ! Ce sont tes fameux foulards ?

Julie ouvre la boîte et en sort un foulard qu'elle montre.

Julie — Il y en a trente !

Pascal — Elles ont fait trente foulards en trois jours ! C'est une véritable usine !

Pascal se met un foulard autour du cou.

Pascal — Je ne croyais pas que vous puissiez aller si vite ! Vous allez même être en avance ! Tiens, lis cet article. Mais assieds-toi, avant !

Pascal tend un journal à Julie.

Julie — Qu'est-ce que c'est ?

Julie prend le journal, s'assoit et lit à voix haute.

Pascal — J'ai peur que vous ne soyez vraiment très en avance.

Julie — En raison des nombreuses perturbations causées par les importants travaux de rénovation de la zone nord de Paris, le préfet de la région a annulé la fête du marché aux puces. Cette fête traditionnelle aura lieu dès que les travaux seront terminés.

Julie pose le journal et pousse un grand soupir.

Pascal — En tout cas, ça me va très bien. Je ne sais pas ce que tu en penses ?

NOTES 课文注释

1 圣皮埃尔市场位于巴黎蒙马特高地（la butte de Montmartre）脚下，那里销售的纺织品品种丰富，价格低廉。它所处的第十八区是游客最多的地区之一：通往圣心教堂的蜿蜒小路、台阶，广场上画肖像画的画家，使这里成为巴黎的一大风景。

2 售货员问Violaine是否想用布把圣心教堂盖上，是影射美国艺术家克里斯多（Cristo）。该艺术家以“包装”建筑物而闻名，他曾经用薄纱覆盖了巴黎新桥（le Pont-Neuf）等著名建筑。

VOCABULAIRE 词汇表

annuler	*v.t.*	取消，废除
***apercevoir**	*v.t.*	瞥见，瞧见
avant	*adv.*	先，之前
causer	*v.t.*	引起
commande	*n.f.*	订单
copain, copine	*n.*	朋友
***cou**	*n.m.*	脖子
dès que	*loc.conj.*	一……就
discuter	*v.t.*	讨论
***disparaître**	*v.i.*	消失
en avance	*loc.adv.*	提前
en raison de	*loc.prép.*	鉴于
en tout cas	*loc.adv.*	无论怎样
fameux, se	*adj.*	（用在名词前）<俗> 超棒的
fournisseur, se	*n.*	供货商
gros, se	*adj.*	大的，巨大的
intention	*n.f.*	意愿，想法
kilomètre	*n.m.*	公里
(s')organiser	*v.pr.*	组织活动，安排活动
***pousser**	*v.t.*	发出
préfet	*n.m.*	行政长官
***quitter**	*v.t.*	离开
recouvrir	*v.t.*	遮盖
région	*n.f.*	地区，地带
(se) rendre compte de qch.		意识到
rénovation	*n.f.*	翻新
rouleau	*n.m.*	（*pl.* ~x）卷
si	*adv.*	（+ adj.或adv.）多么，如此
***soupir**	*n.m.*	叹气，叹息
suffir	*v.t.ind.*	（+ à）满足……的需要
terminer	*v.t.*	结束，完成
***tissu**	*n.m.*	织物，布料
traditionnel, le	*adj.*	传统的
travaux	*n.m.pl.*	工程
véritable	*adj.*	真正的
zone	*n.f.*	地区

ORGANISEZ VOTRE COMPRÉHENSION

剧情理解

Observez l'action et les répliques

观察剧情和人物对话

1. Reconstruisez l'histoire.

Visionnez l'épisode avec le son.
Associez les phrases puis classez-les dans l'ordre des événements.

1) Tu me rapportes une grosse commande.
2) C'est déjà terminé !
3) Je suis une bonne cliente.
4) Il ne fallait pas être si pessimiste.
5) La fête est annulée.
6) Je ne le savais pas.

a En fait, je ne l'ai su qu'hier.
b Elle n'aura lieu que le mois prochain.
c Tes copines vont pouvoir t'aider.
d Je ne pensais pas que vous puissiez aller si vite !
e Il faut que vous me fassiez un bon prix.
f J'ai peur qu'on ne puisse pas y arriver.

2. À quels personnages attribuez-vous ces énoncés ?

Retrouvez le personnage et dites dans quelle situation il prononce l'énoncé.

1) Mais tu ne te rends pas compte !
2) Personne ne peut te donner un coup de main ?
3) Oh, ici, on commande et après on discute.
4) J'ai peur que vous ne soyez vraiment très en avance.

3. Quelle en est la raison ?

1) Pourquoi Julie est-elle déçue de la réaction de Violaine ?
2) De quoi Violaine a-t-elle peur ?
3) Pourquoi Daniel ne peut-il pas satisfaire la commande de Violaine ?
4) Pourquoi Pascal est-il admiratif quand Julie lui montre les trente foulards ?

Observez les comportements

观察人物行为

4. Quelle tête font-ils ?

Dites ce que leur attitude révèle et décrivez leurs mimiques et leurs gestes.

1) Au début de l'épisode, le visage et l'attitude de Violaine expriment :
a la colère ; **b** l'inquiétude ; **c** la frustration ; **d** la satisfaction.
2) Julie, elle, semble :
a très en colère ; **b** très satisfaite ; **c** pas très contente ; **d** très inquiète.
3) Qu'expriment le visage et le ton du vendeur quand il s'excuse de ne pas pouvoir satisfaire la demande de Violaine ?
4) Quels gestes, quelle attitude soulignent le sentiment d'impuissance de Julie à la fin de l'épisode ?

5. Comment est-ce qu'ils l'expriment ?

Trouvez les actes de parole correspondants dans les dialogues.

1) Violaine a un doute.
2) Julie est déçue.
3) Violaine craint quelque chose.
4) Daniel s'excuse.
5) Pascal est surpris.

DÉCOUVREZ LA GRAMMAIRE
语法学习

1. Quelles dimensions ont-ils ? 下面建筑物的体积有多大?

Les arènes de Nîmes (longueur 133 m ; largeur 101 m).

La pyramide du Louvre (hauteur 21m ; largeur à la base 34 m).

La tour Eiffel (hauteur 320 m).

La Grande Arche (hauteur 110 m).

度量单位

Un foulard **mesure** 90 centimètres de côté.

Cette boîte **fait** : 30 centimètres de long, 15 centimètres de large et 10 centimètres de haut.

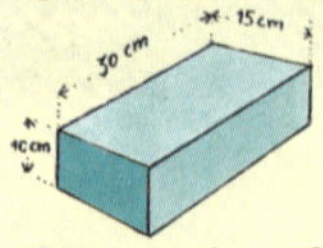

Ce cercle **a** 30 cm de diamètre.

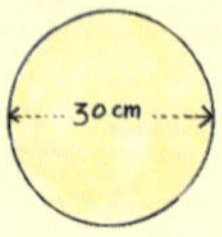

2. De quoi avez-vous peur ? 你害怕什么?

Utilisez le subjonctif pour compléter ces phrases.

Nous avons peur :

1) qu'on ne (pouvoir)............ pas éliminer la faim dans le monde.
2) que le monde ne (devenir)............ pas meilleur.
3) que la pollution ne (être)............ pas facilement maîtrisée.
4) qu'on ne (savoir)............ pas combattre efficacement le terrorisme.
5) qu'on ne (vouloir)............ pas vraiment faire cesser toutes les guerres.

3. Quelle proposition relative les caractérise ? 哪个关系从句修饰限定下面的先行词?

Mettez ensemble les deux parties de chaque phrase et dites de quoi il s'agit.
连接句子的两部分，并指出每个句子分别说的是什么。

1) C'est le monument
2) C'est le grand restaurant
3) C'est la sculpture
4) C'est le marché
5) C'est le parc

a où on achète les tissus les moins chers de Paris.
b que l'on voit du marché Saint-Pierre.
c qui se trouve près du bois de Vincennes.
d près de laquelle avaient rendez-vous Benoît et M. Costa.
e que je préfère.

4. Vous n'y croyez pas ? 你不相信吗?

Répondez aux questions.

Exemple : Vous croyez qu'on pourra un jour explorer le Soleil ?
☞ **Non, je ne crois pas qu'on puisse un jour explorer le Soleil.**

Vous croyez :

1) que des gens vivront un jour sur Saturne ?
2) qu'on fera l'aller-retour Terre-Mars en deux semaines ?
3) qu'on ira au centre de la Terre ?
4) qu'on ne saura jamais tout ce qui se passe dans l'espace ?
5) qu'on expliquera un jour l'origine de la vie ?

5. Indicatif ou subjonctif ? 直陈式还是虚拟式？

Mettez les verbes entre parenthèses au mode et au temps qui conviennent.

Tous les gens (vouloir)............ que leurs enfants (être)............ plus heureux qu'eux. Or, à l'heure actuelle, on pense généralement que l'avenir ne (être)............ pas rose pour tous. On craint que les crises mondiales n'en (finir)............ plus, que les emplois (devenir)............ de plus en plus rares, que les salaires (baisser)............, que la dure concurrence internationale (faire)............ beaucoup de mal au monde du travail. On espère cependant que la situation (s'améliorer)............, que le nombre de pauvres (diminuer)............, qu'il y (avoir)............ un jour du travail pour tous.

直陈式（mode indicatif）与虚拟式（mode subjonctif）

直陈式表达存在的或人们认为实际存在的事实与事件。直陈式为表达**确实性**的语式。

Il dit, affirme, assure, pense, croit que tout **va** bien.

在下列动词后使用虚拟式：

- 表达祝愿、意愿的动词，如：
  Ils souhaitent que vous **veniez**.
- 表达必须、必要的动词，如：
  Il faut que j'y **aille**.
- 表达怀疑的动词，如：
  Je ne crois que qu'ils le **fassent**.
- 表达情感、恐惧的动词，如：
  J'ai peur qu'elles ne **soient** pas libres.

6. On change de perspective. 换个角度。

Complétez la deuxième phrase.

Exemple : Le mari de Mme Dutertre pense que sa femme viendra s'installer à Bordeaux.
Il souhaite que...
☞ **Il souhaite que sa femme vienne s'installer à Bordeaux.**

1) Mme Dutertre dit que son client est intéressé par des foulards. Elle est contente que...
2) Julie pense qu'elle peut déplacer son autre rendez-vous. Elle ne pense pas que...
3) M. Lesage assure que son frère et lui ne sont pas fâchés. Il est heureux que...
4) M. Lesage explique qu'il faut lui faire cinquante foulards. Il souhaite qu'on...

7. Exprimez leurs sentiments. 表达情感。

Réunissez les deux phrases en une seule. 把下面练习中的两句话连成一句话。

Exemple : Toute la famille est réunie. Les parents en sont heureux.
☞ **Les parents sont heureux que toute la famille soit réunie.**

1) Leur fille a trouvé un emploi. Elle en est fière.
2) Leur fille a trouvé un emploi. Ils en sont heureux.
3) Leur fils terminera ses études l'an prochain.
Il le souhaite.
4) Leur fils terminera ses études l'an prochain.
Ils le souhaitent.
5) Il aura à chercher du travail. Il en a peur.
6) Il aura à chercher du travail. Ils en ont peur.

SONS ET LETTRES
音与字母

法语口语的基本特征回顾

- 重音：在朗读句子时，应划分节奏组，重音在每个节奏组的最后一个音节上。
  第二种重音，即强调重音，落在被强调单词的词首，强调某种感情色彩。
- 元音至少有一个共同特征：音位靠前，即舌位向前或嘴唇突起向前。
- 三个半元音（或半辅音）：[j]，[ɥ]，[w]。
- 法语的辅音中有六对清浊相对：[p] – [b]，[t] – [d]，[k] – [g]，[f] – [v]，[s] – [z]，[ʃ] – [ʒ]。
- 联诵只出现在同一节奏组内部，但连音可出现在句子的任意一处。
- 法语的大部分（70%）音节为以元音结尾的开音节。

COMMUNIQUEZ
语 言 交 际

1. Visionnez les *Variations*.

Jouez les situations suivantes avec votre voisin(e).

1) On vous demande de faire une chose que vous jugez presque impossible à réaliser.
Imaginez une proposition de ce genre et faites-la à votre voisin(e) qui exprime son étonnement.
有人让你去做一件你觉得几乎不可能的事情。想象一个此类的建议，并把它建议给你的同桌，后者表示非常惊讶。

2) Vous êtes dans une boutique des Puces.
Un objet vous a plu. Vous discutez le prix avec le vendeur. (On peut marchander chez les antiquaires des Puces.)
在跳蚤市场的一个店铺里，你喜欢上一件东西，于是和售货员讨价还价。（在跳蚤市场可以讨价还价。）

表达惊讶

1) Mais tu ne te rends pas compte !
2) Non, mais tu rêves !
3) Tu ne parles pas sérieusement !
4) Tu ne crois pas ce que tu dis !

讨价还价

1) – Il faut que vous me fassiez un bon prix.
– Oh, ici, on commande et après on discute.

2) – Vous me faites un prix d'ami, n'est-ce pas ?
– Vous savez, ce n'est pas l'habitude de la maison !

3) – Vous calculez le prix au plus juste, n'est-ce pas ?
– Nous allons faire notre possible, mais je ne peux pas vous le promettre.

4) – Évidemment, je compte sur une remise.
– Ça va être difficile. Nos prix sont déjà très bas, n'est-ce pas ?

2. Retenez l'essentiel.

Écoutez et répondez aux questions suivantes.

1) Qui téléphone ?
2) Qui répond ?
3) Qu'est-ce qui intéresse le client ?
4) Pourquoi veut-il parler à M. Lesage ?
5) Quel est le prix demandé par M. Lesage pour l'ensemble ?
6) Est-ce qu'on peut discuter du prix avec un antiquaire ?
7) Quand M. Lesage sera-t-il à la galerie ?

3. Langue de bois. 官样文章。

1) Deux hommes et une femme débattent d'un sujet important. Écoutez-les et répondez aux questions. 两位男士和一位女士在谈论一个非常重要的话题。听他们之间的对话，并回答问题。

2) Reprenez cette conversation avec votre voisin(e) et introduisez des variantes. 与同桌重新谈论这个话题，使用不同的表达方式。

4. Le meilleur des mondes possibles. 最美好的世界。

Vous avez eu des idées dans l'exercice n° 4 p. 111 pour améliorer les conditions de vie dans votre pays. Qu'en est-il dans le reste du monde ? Vous souhaitez sûrement que les choses s'améliorent. Discutez en groupe des grands problèmes du monde, des souhaits, des solutions possibles, des doutes et des peurs. 通过第111页语言交际的练习4，你已经对改善你们国家的生活条件有了一些想法。那在世界的其他地方呢？你肯定也希望情况有所好转。分组讨论世界重大问题，谈谈你们的愿望，可能的解决办法，以及你们的疑惑和担忧。

5. Jeu de rôles.

Vous êtes chargé(e) d'écrire un article sur la Bibliothèque nationale de France (BNF). Vous téléphonez au service communication pour avoir tous les renseignements nécessaires : condition d'admission, heures d'ouverture, moyens d'accès...
Vous jouez à deux. L'un de vous est journaliste, l'autre travaille à la BNF.
你负责写一篇关于法国国家图书馆的文章。为此你给图书馆的信息服务处打电话，咨询各种必要信息：入馆条件、开放时间、交通路线等。
两人表演。一人演记者，另一人演图书馆工作人员。

Adresse :	BNF, 11 quai François-Mauriac, 75706 Paris Cedex 13
Téléphone :	01 53 79 59 59
Internet :	http://www.bnf.fr
Accès :	métro ligne 6, station Quai de la gare ; ligne 14 (Météor), station BNF ; bus ligne 62, arrêt Pont de Tolbiac.
Horaires :	du mardi au samedi de 10 heures à 19 heures, le dimanche de 12 heures à 18 heures.
Conditions d'admission :	être âgé(e) de plus de 18 ans ou être titulaire du baccalauréat – salles réservées aux chercheurs. Entrée payante.

La Bibliothèque nationale de France.

Le patrimoine, reflet d'une civilisation

Bastides, châteaux, églises... ils sont nombreux les monuments construits pendant 2 000 ans d'histoire de la France.

Longtemps laissés à l'abandon, ils font de plus en plus l'objet de rénovations. C'est le cas du village médiéval de Curmonte en Corrèze, repris en main par ses habitants il y a plus de trente ans. 3 millions et demi de francs (53 000 euros environ) et beaucoup de talent ont permis de remettre en état deux églises des XIe et XIIe siècles.

D'autres monuments plus prestigieux attirent le regard et l'argent de l'État. Notre-Dame de Paris, vieille de plus de huit siècles, a besoin de soins constants. Ces jeunes tailleurs de pierre redonnent vie et éclat à ces belles sculptures...

Notre-Dame de paris.

Un autre exemple : la cathédrale de Chartres. La précision du geste alliée au savoir-faire traditionnel permet à ces restaurateurs de retrouver la qualité des vitraux qui ont fait la renommée de la cathédrale. Merci à tous ces artistes qui ne signent pas leur nom en bas de leurs œuvres, mais qui permettent aux visiteurs du monde entier d'admirer sa rosace et ses flèches.

Le palais de l'Élysée.

1. Qu'avez-vous vu ?

Dans quel ordre ?

a Les flèches et la rosace de la cathédrale de Chartres.
b Des tailleurs de pierre en train de restaurer des sculptures.
c L'intérieur d'une église du XIIe siècle.
d Des restaurateurs de vitraux.
e Des touristes qui vont visiter une cathédrale.
f Des bâtiments anciens du village de Curmonte.

2. Le savez-vous ?

1) De quoi se compose le patrimoine d'un pays ?
2) De quels monuments s'occupe l'État français ?
3) Quels artisans travaillent à la restauration des monuments dans ce reportage ?
4) De quand datent les églises de Curmonte ?

3. Et dans votre pays ?

1) Quels sont les bâtiments anciens les plus prestigieux ?
2) Qui s'occupe de leur restauration ?
3) Croyez-vous qu'il soit indispensable de restaurer les monuments du passé ?

La valeur du patrimoine de l'État français dépasse sans doute les 15 milliards d'euros en biens mobiliers et en œuvres d'art. Le musée du Louvre possède 300 000 œuvres d'art, dont seulement le dixième est accessible au public. L'État a aussi des palais, des châteaux, des hôpitaux, des édifices religieux (76 cathédrales, 37 églises et 21 abbayes et monastères) dont il doit assurer l'entretien et la rénovation.

Chaque année en septembre, le ministère de la Culture organise une journée portes ouvertes appelée « journée du Patrimoine ». Ce jour-là, les curieux peuvent entrer gratuitement dans tous les monuments publics et les musées nationaux et visiter des bâtiments qui sont interdits au public le reste de l'année ou dont l'accès est restreint comme le palais de l'Élysée où réside le président de la République ou l'hôtel Matignon, siège du Premier ministre.

ÉPILOGUE

ÉPISODE 25

SOUVENIRS, SOUVENIRS...

不尽的回忆

ÉPISODE 26

À BIENTÔT !

再见了！

SOUVENIRS, SOUVENIRS...
不尽的回忆

ÉPISODE 25
Souvenirs, souvenirs...

1

2

3

Benoît et Julie sont dans la cuisine en train de préparer le repas.

Julie	Quand je pense que dans une semaine, tu seras au Canada ! Quelle chance tu as.
Benoît	(sans enthousiasme) Oui, c'est ce que je disais il y a trois semaines.
Julie	Et qu'est-ce qui t'a fait changer d'avis ?
Benoît	Oh, rien...
Julie	Menteur ! C'est la petite Canadienne qui va te remplacer à l'agence. Denise, c'est ça ?
Benoît	Oui, c'est ça...
Julie	Vous vous reverrez si c'est sérieux... Quand même, agent de voyages, c'est un beau métier !

Benoît prend un ton très snob pour dire :

Benoît	Comme disait ce cher Pierre-Henri de la Tour : « Agent de voyages... comme c'est amusant... »

Julie et Benoît se mettent à rire.

Ils se rappellent...

Julie et Benoît redeviennent sérieux.

Julie	J'ai l'impression que c'était hier.
Benoît	Moi aussi, et ça fait plus d'un an.
Julie	On en a fait des choses depuis...
Benoît	Ah oui, alors ! Tu ne regrettes pas tes petites enquêtes ?
Julie	(en jouant) Vous avez cinq minutes, Monsieur ? Je fais une enquête...

Ils se rappellent...

Benoît et Julie continuent à parler de leurs souvenirs.

Benoît	Cela dit, tu as quand même eu de la chance.
Julie	De la chance, de la chance... J'ai travaillé.
Benoît	Oui. Mais tu as rencontré de jeunes artistes sympas qui t'ont fait confiance.

Ils se rappellent...

Benoît finit de mettre la table.

Benoît	Qu'est-ce qu'il fait Pascal ? Il est près de 8 heures.
Julie	Eh ! Il est animateur socioculturel maintenant. Et puis, il doit revenir du Blanc-Mesnil. C'est loin... très loin...

Benoît se met à rire.

Benoît	Tu te souviens, la première fois qu'il y est allé ?
Julie	Grève générale des transports en commun ! Il se demandait comment y aller, au Blanc-Mesnil...

Pascal entre dans le salon.

Pascal	Vous êtes encore en train de dire du mal de moi, je parie.
Julie	Pas du tout ! On se souvenait des bons moments passés ensemble.
Benoît	Un peu de nostalgie avant la grande séparation...
Pascal	Mais, au fait, qu'est-ce que tu fais là, toi ? Je croyais que tu prenais des cours accélérés de moto-neige ?

ÉPISODE 25

Benoît et Julie sont à table. Pascal est debout en train de découper un gâteau.

Julie	Un petit morceau pour moi, s'il te plaît.
Pascal	(à Benoît) Et toi ?
Benoît	Une part normale.

Pascal sert Julie et Benoît et en prend une part. Ils commencent à manger. Benoît fait la grimace.

Benoît	Il est un peu dur, ce gâteau, il n'y a pas autre chose ?
Pascal	Eh, non ! On n'est pas au restaurant, ici.
Benoît	C'est bien dommage, parce qu'au restaurant, le client est roi...

Ils se rappellent...

Pascal	Vous voulez du café ?
Benoît	C'est compris dans le menu ?
Pascal	Non. Mais, aujourd'hui, c'est la maison qui offre !

1. Qu'est-ce qu'on apprend sur les projets des trois amis ?

Visionnez l'épisode avec le son.

1) Benoît part :
   a pour la Grande-Bretagne ;
   b pour le Canada ;
   c pour les États-Unis.
2) Pascal est maintenant :
   a serveur ;
   b animateur de centre culturel ;
   c champion de patins à roulettes.
3) Julie :
   a reprend ses enquêtes ;
   b est toujours représentante ;
   c on ne sait pas ce qu'elle va faire.

2. Qu'est-ce que ça vous rappelle ?

1) Quelles scènes antérieures a-t-on revues ?
2) Quelles phrases ont déclenché ces souvenirs ?
3) Racontez les circonstances des scènes-souvenirs.

3. Avez-vous une bonne mémoire ?

1) Combien de temps est-ce que les trois amis ont cohabité dans l'appartement ?
2) Pourquoi Benoît n'est-il pas vraiment heureux de partir ?
3) Pourquoi Pascal ne rentre qu'à 8 heures du soir ?
4) Qu'est-ce qui a aidé Julie à réussir comme représentante ?
5) Pourquoi est-ce que Benoît demande si le café est compris dans le menu ?

4. À vos stylos !

Qu'est-ce que vous avez appris sur Paris et sur le comportement des Français dans ces vingt-quatre épisodes ?

VOCABULAIRE 词汇表

accéléré, e	*adj.*	加快的
	n.m.	快动作
cela dit	*loc.adv.*	不过，然而
***découper**	*v.t.*	切，割
(se) demander	*v.pr.*	寻思，思忖
***grimace**	*n.f.*	鬼脸
impression	*n.f.*	印象
avoir l'impression que	(+ *ind.*)	感觉到，仿佛觉得

mal	*n.m.*	坏话，坏处
menteur, se	*n.*	说谎的人
moto-neige	*n.f.*	摩托雪橇，雪地机动车
nostalgie	*n.f.*	怀旧，怀念
parier	*v.t.*	打赌
regretter	*v.t.*	惋惜，怀念
séparation	*n.f.*	分离，分别
socioculturel, le	*adj.*	社会文化的

À BIENTÔT !

再见了！

Dans le salon, Benoît, Julie et Pascal sont en train de prendre le café.

Pascal — Benoît au Canada, Julie à Bordeaux, pour son nouveau travail, je vais être triste de quitter cet appartement.

Julie — Pourquoi tu ne restes pas ? Tu peux trouver d'autres colocataires.

Benoît — Julie a raison. D'autant plus que tu détestes les déménagements.

Pascal — Ça, ce n'est pas grave. Si je trouve quelque chose avant ton départ, tu pourras toujours me donner un coup de main.

Ils se rappellent…

Julie, Benoît et Pascal rient de bon cœur, puis se calment.

Pascal — Et toi, Julie, c'est d'accord pour ce studio à Bordeaux ?

Julie — Oui, mais il n'est pas dans Bordeaux, il est en banlieue.

Benoît — Ça ne va pas être facile pour ton travail. Il faut se déplacer quand on est responsable d'achats.

Julie — Maman me donne sa voiture.

Pascal — Elle est gentille, maman… Il y a des passages piétons à Bordeaux ?…

Ils se rappellent…

Julie n'est pas très contente.

Julie — C'est ça, moquez-vous de moi. Comme si vous étiez des champions du volant !

Benoît — Du volant, non ! Mais du sport, certainement. Demande à Pascal…

Ils se rappellent…

Benoît, Julie et Pascal ont l'air rêveur. Pascal se ressaisit.

Pascal — C'est à qui le tour de faire la vaisselle ?

Julie — À Benoît.

Benoît — Ah non, je l'ai faite hier. C'est à toi.

Julie — Mais non, avant-hier j'ai remplacé Pascal qui t'a remplacé la semaine dernière et qui…

Le téléphone portable de Benoît se met à sonner.

Benoît — Ah, excusez-moi… Travail oblige !

Julie — Ah non ! Tu ne vas pas nous faire le coup de la Défense !

Ils se rappellent…

Benoît a raccroché. Pascal et Julie sont encore assis.

Pascal — Et si, pour une fois, on la faisait tous les trois, cette vaisselle ?

On voit en accéléré Julie, Pascal et Benoît faire la vaisselle et la ranger.

ÉPISODE 26

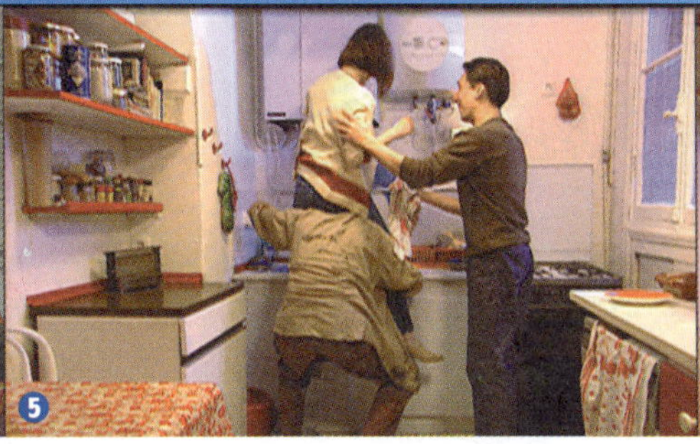

1. Qu'est-ce qu'on apprend de nouveau ?

1) Pourquoi est-ce que Pascal est triste ?
2) Où Julie va-t-elle travailler ?
3) Qu'est-ce qu'elle va y faire ?
4) Où va-t-elle habiter ?

2. Qu'est-ce que ça vous rappelle ?

1) Qu'est-ce que les retours en arrière vous rappellent ?
2) Quelles phrases servent de déclencheurs ?
3) Racontez les circonstances de ces scènes passées.
4) Relevez des allusions ironiques dans les deux épisodes.

3. Caractérisez-les.

Vous connaissez bien les personnages maintenant.
Faites leur portrait. Le(s)quel(s) préférez-vous ? Pourquoi ?

4. D'autres souvenirs...

Racontez les scènes suggérées par ces photos.

VOCABULAIRE 词汇表

achat	*n.m.*	购买
avant-hier	*n.m.*	前天
certainement	*adv.*	肯定地，一定地
***cœur**	*n.m.*	心，心脏
de bon cœur	*loc.adv.*	由衷地，乐意地
colocataire	*n.*	合租人
coup	*n.m.*	一着
d'autant plus que	*loc.conj.*	更何况
déménagement	*n.m.*	搬迁

départ	*n.m.*	离开
(se) déplacer	*v.pr.*	移动；出差，旅行
(se) moquer	*v.pr.*	（+ de）嘲笑
obliger	*v.t.*	强迫，迫使
***(se) rappeler**	*v.pr.*	回忆
***(se) ressaisir**	*v.pr.*	恢复镇静
studio	*n.m.*	单间公寓
triste	*adj.*	难过的，悲伤的
volant	*n.m.*	方向盘

TRANSCRIPTION DES DOCUMENTS AUDIO
录音材料

MÉMENTO GRAMMATICAL
语法概要

TABLEAUX DE CONJUGAISON
动词变位表

CONTENU DU MP3
MP3录音内容摘要

TRANSCRIPTION DES DOCUMENTS AUDIO

录音材料

DOSSIER 7

Découvrez la grammaire p. 7

4. Ils en prennent ou ils n'en prennent pas ?

L'homme : Je vais faire les courses, tu veux que je prenne du pain ?
La femme : Oui, prends-en pour ce soir.
L'homme : On a encore de l'eau ?
La femme : Oui, mais achètes-en six bouteilles.
L'homme : Tu veux de la viande pour déjeuner ?
La femme : Non, je n'en ai pas envie.
L'homme : Du poisson, alors ?
La femme : On en a mangé il y a deux jours.
L'homme : Des pâtes ?
La femme : Je ne sais pas, je n'ai pas très faim.
L'homme : J'en achète quand même. Moi, j'ai faim. Je rapporte du fromage ?
La femme : Non. On en a.
L'homme : Bon, alors à tout à l'heure.

7. Un drôle de serveur !

1) Je regrette, la viande est en supplément.
2) Non, je suis désolé, on a oublié d'en préparer.
3) Ah ! non, ici on n'en sert jamais.
4) Mais si, Monsieur, il y a du pain dur et de l'eau.

Communiquez p. 9

2. Qu'est-ce qu'ils ont choisi ?

Dialogue 1

– Bonjour, Madame. Qu'est-ce que vous prenez ?
– Le plat du jour, qu'est-ce que c'est ?
– Une entrecôte sauce béarnaise. Elle est accompagnée de frites et de tomates provençales.
– Non, je ne veux pas d'entrecôte. Je vais prendre le saumon avec du riz.
– Très bien. Et comme entrée ?
– Je ne veux pas d'entrée. Je vais plutôt m'offrir un dessert aujourd'hui.
– Vous voulez choisir votre dessert, maintenant ?
– Oui, je prendrai une tarte au citron.
– Parfait. Et comme boisson ?
– Une carafe d'eau.
– C'est d'accord, Madame.

Dialogue 2

– Vous avez choisi, Monsieur ?
– Non, pas encore. J'hésite.
– Je vous recommande le plat du jour. C'est du poulet basquaise servi avec des haricots verts et des pommes de terre sautées. C'est excellent.
– Merci, mais je n'aime pas beaucoup le poulet. Je vais prendre un steak-frites.
– Comment désirez-vous la cuisson ? À point ?
– Non, bleu.
– Et comme entrée ?
– Je vais prendre une salade aux noix.
– Qu'est-ce que vous buvez ?
– De l'eau minérale... gazeuse.
– Très bien. Je vous apporte ça tout de suite.
– Excusez-moi. Il n'y a pas de fromage dans le menu ?
– Mais si, le fromage est compris dans le menu. Mais le dessert est en supplément.
– Ça tombe bien, je ne prends jamais de dessert.

Découvrez la grammaire p. 16

1. Allez faire les courses.

– Qu'est-ce qu'il te faut ?
– Il me faut six œufs, 200 grammes de beurre et du sucre.
– Du sucre, il t'en faut combien ?
– Prends-en un kilo.
– Tu n'as pas besoin de lait ?
– J'en ai un peu, mais prends-en un litre quand même.
– D'accord, j'y vais.
– Attends. Il me faut aussi de la farine. Achètes-en un paquet et prends quelques tomates.
– C'est tout ?
– Non. Je veux du chocolat. Prends-en une plaque de 250 grammes.
– Hum. Tu vas nous faire quelque chose de bon ?
– C'est une surprise.

Communiquez p. 18

2. La cliente est reine !

– Bonjour, Madame. Vous désirez ?
– Je suis venue hier vous acheter une boîte de foie gras. La voici. Regardez, elle est à moitié vide !
– Oui, en effet, il y a un problème.
– Un problème ! À 21 euros la boîte, c'est cher !
– Nous connaissons bien nos fournisseurs, mais cela peut arriver. Ce n'est pas notre faute. Et puis, cette marque est en promotion.
– Ce n'est pas une raison. J'espère que vous allez me changer la boîte.
– C'est-à-dire... nous n'en avons plus de cette marque. L'autre est plus chère.
– Elle coûte combien ?
– 38 euros la boîte.
– En effet, c'est presque le double.
– Bon, écoutez. Ça ne fait rien. Je vais vous donner une boîte à 38 euros pour remplacer l'autre.
– Je vous remercie.
– Et excusez-nous. J'espère que vous ne nous en voulez pas ?
– Mais non. Comme vous dites, ça peut arriver...

DOSSIER 8

Découvrez la grammaire p. 27

7. Il n'a rien obtenu !

1) Tu leur as remis ton dossier ?
2) Mais tu as parlé à quelqu'un ?
3) Ils t'ont proposé quelque chose ?
4) Tu as certainement téléphoné au directeur ?
5) Alors, tu as demandé conseil à quelqu'un ?
6) Tu y comprends quelque chose ?

COMMUNIQUEZ **p. 28**

2. Retenez l'essentiel.

– Allô. Ici, Europe Voyages. À votre service.
– Bonjour, Monsieur. Je suis le chef du personnel de l'entreprise Tout Métal. Je veux organiser un stage à Paris pour nos agents commerciaux et je voudrais réserver des chambres et des facilités de séjour.
– Combien de personnes voulez-vous loger, à quel moment et pendant combien de temps ?
– Il s'agit d'un groupe de douze personnes, à loger en chambres individuelles, du lundi 5 au samedi 10 mars.
– Vous voulez les loger dans le centre ?
– Non, pas vraiment, mais sur une ligne de métro ou de RER pour avoir un accès facile.
– Oui, je vois.
– Quand pouvez-vous me donner vos conditions pour des chambres confortables, les repas et la location d'une salle de réunion ?
– Je dois d'abord contacter nos correspondants et faire une petite étude. Donnez-moi 48 heures. Qui dois-je rappeler ?
– Mme Trentin au 02 42 23 54 36.
– Eh bien, c'est d'accord, Madame Trentin, je m'en occupe. À bientôt.

3. À l'accueil.

Dialogue 1

– Excusez-moi, Mademoiselle, j'ai rendez-vous avec M. Pierret. Pouvez-vous me dire où se trouve son bureau ?
– Mais oui. M. Pierret est au bureau 215. Vous prenez le couloir à gauche en sortant de l'ascenseur. C'est le troisième bureau sur votre droite.
– Je vous remercie.

Dialogue 2

– Bonjour. Le bureau de Mme Rigaux est toujours au premier ?
– Non. Elle a déménagé. Elle est au rez-de-chaussée. Vous prenez ce couloir jusqu'au bout. Vous tournez à droite et c'est le premier bureau, juste avant la photocopieuse. C'est le 06.
– Ah oui, en face il y a un distributeur de boissons, n'est-ce pas ?
– Exactement.
– Merci beaucoup.

Dialogue 3

– M. Delarue, s'il vous plaît ?
– Bureau 226. Vous tournez à droite en sortant de l'ascenseur. C'est le premier bureau sur votre gauche.
– Merci.

Dialogue 4

– Excusez-moi, je viens pour faire la démonstration d'un nouveau logiciel.
– Ah oui, vous êtes M. Vernon ?
– Oui, c'est ça.
– La démonstration a lieu dans une salle de réunion au rez-de-chaussée. Alors, vous prenez ce couloir à droite. C'est la deuxième salle sur votre gauche, la salle R30.
– Merci beaucoup.

DÉCOUVREZ LA GRAMMAIRE **p. 37**

5. Faites l'inversion.

1) Vous les avez rencontrés où ?
2) Vous êtes partis comment ?
3) Vous allez les voir quand ?
4) Ils ont emménagé où ?
5) Elle se plaint pourquoi ?

COMMUNIQUEZ **p. 38**

2. Changement de décor.

LA FEMME : Décidément, je n'aime pas cette pièce. Je voudrais changer les meubles de place.
L'HOMME : Ah bon ? Moi, je les trouve très bien à leur place.
LA FEMME : Non, regarde. La table basse, près des fauteuils, il faut la mettre à gauche du canapé.
L'HOMME : Qu'est-ce que tu vas mettre à sa place ?
LA FEMME : Rien. Et ce lampadaire, il n'a rien à faire près de la fenêtre.
L'HOMME : Ça, je suis de ton avis. Sa place est dans le coin, à côté du bureau.
LA FEMME : Oui, sauf que le bureau, je veux le changer de place.
L'HOMME : Tu veux le mettre où ?
LA FEMME : Au fond de la pièce, à la place du buffet.
L'HOMME : Et le buffet, il va où maintenant ?
LA FEMME : À la cave.
L'HOMME : À la cave ? Le buffet de ma grand-mère ? Il n'en est pas question !
LA FEMME : Écoute. On change la table de place et après on verra. Tu peux me donner un coup de main ?
L'HOMME : Oui. Si le buffet de ma grand-mère reste à sa place.
LA FEMME : Puisque tu le demandes si gentiment...

3. Où se trouvent ces endroits ?

Conversation 1

– Pardon. Pouvez-vous me dire où se trouvent les vêtements pour homme ?
– Oui, juste derrière vous, à gauche et à droite des deux allées.
– Oh, merci.

Conversation 2

– Excusez-moi. Y a-t-il un restaurant dans ce magasin ?
– Il y a un restaurant dans le deuxième magasin. Vous montez au premier étage. Le passage pour aller au restaurant se trouve en face de l'escalier

roulant, près de la zone juniors.

Conversation 3

– Dites-moi, où se trouvent les articles de sport pour enfants, s'il vous plaît ?
– Tous les articles de sport sont au troisième. Vous pouvez prendre l'escalier roulant, derrière moi. Vous arrivez directement dans le rayon.

Conversation 4

– Excusez-moi. Y a-t-il des toilettes au rez-de-chaussée ?
– Non, il y en a au sous-sol, au premier et au troisième étage.
– Où se trouvent-elles, exactement, au sous-sol ?
– À l'espace enfants, près de l'escalier roulant.

DOSSIER 9

DÉCOUVREZ LA GRAMMAIRE **p. 47**

7. C'était avant !

1) Tu n'as plus les cheveux longs ?
2) Tu ne portes plus de robe ?
3) Tu n'achètes plus beaucoup de vêtements ?
4) Tu ne déjeunes plus à la cafétéria ?
5) Tu ne viens plus en vélo au bureau ?

Communiquez **p. 49**

2. Retenez l'essentiel.

– Vous désirez, Monsieur ?
– Je suis passé hier. Il y avait une montre très plate, avec un cadran noir dans votre vitrine.
Mais il était 7 heures et demie et vous étiez fermés. La montre n'y est plus !
– Oui, nous fermons à 7 heures. Nous avons refait la vitrine et nous avons enlevé cette montre.
– Vous ne l'avez pas vendue, vous l'avez toujours ?
– Mais oui. Vous voulez la voir ?
– Oui, s'il vous plaît. Elle coûte 154 euros, n'est-ce pas ?
– Oui, c'est cela, Monsieur. Tenez, la voici. C'est un très beau modèle.
– Oui, certainement. Elle est un peu chère pour moi. Vous ne faites pas de remise ou de prix spécial ?
– Ah non, Monsieur. Je regrette. Nous ne faisons pas de remise sur les modèles de l'année. Mais vous pouvez payer en plusieurs fois, si vous le désirez.
– Vraiment ? Eh bien, je vais réfléchir. Merci, Madame. Au revoir.
– Au revoir, Monsieur.

3. Un achat difficile.

– Bonjour, Madame, je peux vous aider ?
– Oui. J'aime bien la robe bleue, en vitrine, vous l'avez en 40 ?
– Mais oui, Madame... tenez... c'est celle-ci. La cabine du milieu est libre, si vous voulez l'essayer... Elle est parfaite sur vous.
– Hum... Finalement, je la trouve un peu trop classique.
– Le style classique est toujours à la mode. Et puis, c'est une robe habillée. Regardez, elle tombe bien.
– Non... vraiment, non, je ne la prends pas.
– Et celle-ci, avec les bretelles, elle fait plus jeune.
– Je n'aime pas du tout le jaune. Ça ne va pas aux blondes.
– Elle existe dans d'autres couleurs.
– Non. Je n'aime pas la forme. Qu'est-ce que vous avez d'autre ?
– Je viens de recevoir le dernier modèle d'Hervé, le créateur. C'est celui-ci. Qu'est-ce que vous en pensez ?
– Ah oui, celle-là me plaît beaucoup. J'aime la forme. La couleur me va bien. Je vais l'essayer...

DÉCOUVREZ LA GRAMMAIRE **p. 57**

7. C'était interdit !

Dialogue 1

– Alors, Monsieur, vous roulez en sens interdit ?
– Comment ? Ce n'est pas possible !
– Mais si, Monsieur. Regardez les voitures.
– Mais, il n'y avait pas de panneau.
– Et ça, derrière vous, qu'est-ce que c'est ?
– Ah, je suis vraiment désolé. Je ne l'ai pas vu.
– Montrez-moi votre carte grise et votre permis de conduire.

Dialogue 2

– Vous ne pouvez pas stationner là, Madame.
– Mais pourquoi ? Je me gare souvent ici, je n'ai jamais eu de problème.
– Nous sommes mercredi aujourd'hui. Et il n'est pas encore 13 heures.
– C'est vrai. Je ne viens jamais le mercredi.
– Allez, circulez.

Dialogue 3

– Vous avez vos papiers ?
– Oui, mais qu'est-ce que j'ai fait ?
– Vous venez de tourner dans la rue Brossolette.
– Oui, Monsieur l'agent, comme d'habitude.
– Ah, parce qu'en plus vous le faites souvent !
– Oui, j'habite un peu plus loin.
– Allez vous garer là et montrez-moi vos papiers !

COMMUNIQUEZ **p. 59**

3. Scène de rue.

LE PREMIER HOMME : Vous ne pouvez pas faire attention, non !
LE DEUXIÈME HOMME : Comment ça, faire attention, je n'ai rien fait !
LE PREMIER HOMME : Vous avez heurté ma voiture. Quand on ne sait pas se garer en marche arrière, on se gare dans un parking !
LE DEUXIÈME HOMME : Vous plaisantez ? Je l'ai à peine touchée, votre voiture.
LE PREMIER HOMME : C'est ça, dites que je ne vois pas clair.
LA FEMME : Monsieur a raison. Sa voiture ne touche pas votre pare-chocs.
LE DEUXIÈME HOMME : Je vous remercie, Madame.
LE PREMIER HOMME : Regardez, je suis coincé, je ne peux même pas sortir.
LE DEUXIÈME HOMME : Vous vouliez sortir ? Il fallait me le dire. Je vais ressortir ma

voiture, vous allez partir et je vais pouvoir me garer à votre place. Ça va, comme ça ?

LE PREMIER HOMME : Oui. Excusez-moi. Je suis pressé et ce n'est pas ma voiture...

LE DEUXIÈME HOMME : Ça arrive à tout le monde, ne vous inquiétez pas.

DOSSIER 10

COMMUNIQUEZ p. 70

2. C'est dans le règlement.

1) Les jeux violents sont interdits.
2) Les membres doivent payer leur cotisation avant le 31 décembre.
3) Il n'est pas permis d'apporter de la nourriture et des boissons.
4) Il est indispensable d'avoir une tenue correcte.
5) Les membres sont tenus de respecter le règlement.
6) On ne doit pas courir autour de la piscine.
7) Les membres peuvent garer leur voiture sur le parking du club.
8) Il est nécessaire de souscrire une assurance.
9) Il est défendu de plonger dans la piscine.
10) Chaque membre a le droit d'inviter cinq personnes dans l'année.

DÉCOUVREZ LA GRAMMAIRE p. 79

6. Faites de la gymnastique.

Nous allons aujourd'hui faire quelques mouvements d'assouplissement. Vous êtes prêts ? Alors commençons.
Et d'abord, levez la jambe gauche, haut, plus haut... Restez un instant immobiles, puis posez le pied par terre. Bon !
Et maintenant la jambe droite, bien haut... Bon, posez le pied par terre. Levez les deux bras, lentement. Restez les bras en l'air. Tirez sur les bras, haut, plus haut encore... Bon. Baissez les bras. Mettez-les le long du corps. Maintenant, tournez la tête à droite, puis à gauche, puis encore à droite... lentement.
Arrêtez. Respirez fort. Expirez l'air... complètement.

COMMUNIQUEZ p. 81

2. Retenez l'essentiel.

LE CLIENT : Pardon, Monsieur, j'ai une réclamation à faire.

L'HÔTELIER : Mais oui, Monsieur, je vous écoute. Qu'est-ce qui ne va pas ?

LE CLIENT : Vous m'avez changé de chambre hier et ma nouvelle chambre est plus bruyante que la précédente.

L'HÔTELIER : Vous avez sans doute raison car elle donne sur le bar et la piscine. Mais vous avez la vue sur la mer. C'est ce que vous vouliez, n'est-ce pas ?

LE CLIENT : C'est vrai, mais ce n'est pas tout. Elle est située deux étages plus bas et on entend beaucoup plus de bruit.

L'HÔTELIER : Je vous fais remarquer qu'elle est plus grande et mieux équipée. Vous ne perdez pas au change.

LE CLIENT : Je suis d'accord avec vous sur ce point. Mais j'ai le sommeil très léger et je suis venu ici pour me reposer. Que pouvez-vous faire pour moi ?

L'HÔTELIER : Je vais voir si j'ai une chambre libre à un étage plus élevé dans l'autre aile du bâtiment. Je vous ferai prévenir avant le déjeuner.

LE CLIENT : Merci. Je compte sur vous.

DOSSIER 11

DÉCOUVREZ LA GRAMMAIRE p. 88

1 Rien ni personne !

1) Tu as vu quelqu'un de connu sur le parvis ?
2) Quelqu'un t'a dit quelque chose de sérieux ?
3) Et maintenant, tu vois quelque chose ou quelqu'un d'intéressant ?
4) Richard ne t'a rien dit de nouveau ?
5) À qui d'autre as-tu parlé ?

COMMUNIQUEZ p. 91

2. C'est plus amusant avec un copain !

– Allô Julien, c'est Stéphane. Tu as prévu quelque chose pour dimanche prochain ?
– Pas encore mais, s'il fait beau, on ira à la campagne avec Fabienne. Pourquoi ?
– Parce que je viens d'avoir deux places pour aller voir France-Angleterre dimanche après-midi.
– Je ne peux vraiment pas. Si j'accepte, Valérie me fera la tête pendant quinze jours.
– Tu lui expliqueras que c'est un match important.
– Non vraiment. Mais si tu téléphones à Charles assez vite, il pourra sûrement se libérer.
– Je viens de l'appeler. Il ne sera pas à Paris le week-end prochain.
– Ne t'inquiète pas. Si tu attends près des caisses, tu trouveras quelqu'un pour acheter ton billet.
– Je sais, mais c'est plus sympa d'y aller avec un copain.
– Si tu veux, je peux en parler à Christian, mon collègue de bureau.
– Ah oui, je veux bien, il est sympa.
– Je te rappellerai avant la fin de la semaine. Salut.
– Salut !

COMMUNIQUEZ p. 100

3. Retenez l'essentiel.

– Où va-t-on aller aujourd'hui ?
– Nous allons visiter la Défense et en particulier la Grande Arche.
– On peut la visiter entièrement ?
– Non. Nous ne pourrons pas visiter le ministère de l'Équipement qui se trouve sur les côtés.
– Il y a aussi la Fondation des droits de l'homme, n'est-ce pas ?
– Oui. Elle se trouve sous les toits et on peut y accéder par des ascenseurs panoramiques.
– Il y a des terrasses ?
– Oui. On y organise souvent des expositions et on

peut découvrir Paris et une partie de la banlieue.
– Il y a longtemps qu'elle est construite ?
– Elle a été inaugurée en 1989. C'est l'un des monuments de Paris les plus récents.
– Mais elle est très visitée ?
– Tout à fait. Il y a plus de 100 000 visiteurs par mois.
– Quelles sont ses dimensions ?
– C'est un cube creux d'environ 110 mètres de côté et, à l'intérieur, on pourrait y mettre... Notre-Dame de Paris !
– Elle est recouverte de marbre ?
– Oui, de marbre et de verre.
– On ira au Centre de documentation européen ?
– Je ne sais pas si on aura le temps de tout faire aujourd'hui. Mais vous pourrez y retourner si vous êtes intéressé.

DOSSIER 12

DÉCOUVREZ LA GRAMMAIRE p. 108

1. Il faut que tu en parles !

Je viens d'écouter ton message. Arrête de te plaindre, il est trop tard. La prochaine fois, choisis mieux tes relations. De toute façon, quand tu as des problèmes, ne les garde pas pour toi. Apprends à dire les choses. Fais confiance à ta mère plutôt qu'à tes amis. Souviens-toi de ce que je te dis et ne prends pas mal mes conseils. Oublie tout ça, repose-toi et viens nous voir dimanche. Je t'embrasse.

COMMUNIQUEZ p. 110

2. Le commissaire-priseur.

1) 12 000 € une fois, 12 000 €, deux fois, 12 000 € trois fois. Adjugée, cette paire de vases de Sèvres, bleus et or, datés de 1870.
2) Et pour cette paire de fauteuils Louis XVI j'ai une offre à 23 000 €. 23 000 €. Qui dit mieux ? Personne ? Ils sont en très bon état. 23 000 € une fois, deux, trois fois. Adjugés.
3) Et maintenant, nous changeons d'époque pour cette très belle armoire en ébène, typiquement Art déco. On commence les enchères à 2 500 €. 4 000 € à ma droite. 4 500 €, 6 000 € par là... 6 000 € une fois, deux fois... 8 000 € au fond. 8 000 € une fois, 8 000 € deux fois, 8 000 € trois fois, adjugée.
4) Une table anglaise, en acajou, typiquement victorienne. Je commence les enchères à 4 500 €. 4 500 €. Il y a preneur ? Elle est en très bon état. Il y a les rallonges. Non. Bon, je baisse à 4 000 €. Oui, Madame. 4 000 € ? Une fois, deux fois, 4 000 € trois fois. C'est pour Madame !

3. Chut, c'est un secret !

Conversation 1

– Allô, Irène ?
– Oui, bonjour Catherine. Ça va ?
– Ça va, oui. Il faut que je te dise, Sylvie va se marier.
– Ah bon !
– Oui. Mais tu ne le répètes pas, elle ne veut pas que ça se sache.
– Ne t'inquiète pas. Je garderai le secret.

Conversation 2

– Allô, Nicole, c'est Irène. J'ai quelque chose à t'apprendre. Mais il ne faudra pas que tu le dises. Promis ?
– Promis.
– Sylvie va se marier.
– Pas possible ! Et elle ne veut pas qu'on en parle ?
– Non. Elle a toujours été un peu bizarre.

Conversation 3

– Catherine ? C'est Nicole. Tu veux connaître la dernière nouvelle du jour ?
– Oui.
– Sylvie se marie.
– Ça, c'est l'avant-dernière nouvelle.
– Comment ça ?
– Elle ne veut pas qu'on le répète, mais elle vient de rompre.
– Tu en es sûre ?
– Certaine. Mais tu le gardes pour toi.
– Bien sûr...

COMMUNIQUEZ p. 120

2. Retenez l'essentiel.

– Allô, je suis bien chez M. Lesage ?
– Oui, c'est moi. Que désirez-vous ?
– Je suis passé hier à votre galerie en votre absence. J'ai vu un ensemble comprenant une table, huit chaises et quatre fauteuils. J'aimerais les revoir. Quand pourrai-je passer ?
– Mais... demain, si vous voulez. J'y serai à partir de 10 heures.
– D'accord. Je voudrais également que vous me confirmiez le prix. Il s'agit bien de 12 000 euros ?
– C'est bien ça. Vous êtes monsieur... ?
– Ducrot. Il faut également que je prenne la dimension des meubles et que je discute avec vous.
– Eh bien je vous attendrai demain, Monsieur Ducrot. Je vais m'arranger pour rester à la galerie jusqu'à 16 heures.
– À demain donc.

3. Langue de bois.

LE 1ER HOMME : Nous souhaitons tous que les choses changent.
LA FEMME : Certes, mais elles ne changeront pas toutes seules.
LE 2E HOMME : Je suis d'accord. Il faut que nous y mettions tous de la bonne volonté.
LA FEMME : J'ai peur que la bonne volonté ne suffise pas.
LE 1ER HOMME : Je suis heureux que vous en soyez consciente.
LE 2E HOMME : Il est indispensable que nous soyons tous du même avis.
LA FEMME : Je ne crois pas que ça soit possible.
LE 1ER HOMME : J'ai bien peur que vous ayez raison.
LE 2E HOMME : Alors, qu'est-ce qu'on fait ?
LE 1ER HOMME : Il faut que nous reprenions cette discussion depuis le début.

MÉMENTO GRAMMATICAL

语法概要

简单句及其变化

1. 简单句的成分

简单句（phrase simple）由主语（sujet）和谓语（prédicat）构成，也可以带有状语（complément）。

语法功能	主语	谓语	状语
词类、短语类别	名词结构	动词＋宾语	（非必需）
例句	Julie Benoît Pascal	est française. travaille fait des petits boulots	 depuis un an. quand il en trouve.

2. 疑问句（phrase interrogative）

疑问句分为两种。

• **一般疑问句（interrogation totale）**

一般疑问句对整个句子进行提问，回答必须用 oui、si 或 non。

一般疑问句的构成有三种方式：

— 口语中句末语调上升表疑问，如：Pascal fait des petits boulots ?

— 在句首加疑问短语 est-ce que，如：Est-ce que Pascal fait des petits boulots ?

— 主语是代词时，直接将主语和谓语倒装；主语是名词时，名词位置不变，在谓语动词后用代词重复该名词，如：

Fait-il des petits boulots ?

Pascal fait-il des petits boulots ?

! 当主语是第三人称单数代词（il, elle, on），而且动词是以元音字母-e 或-a 结尾时，在倒装的主语和谓语中间要加上“-t-”。例如：

Va-t-il faire du vélo ?

• **特殊疑问句（interrogation partielle）**

特殊疑问句对句子的某个部分进行提问，回答不能用 oui、si 或 non。

特殊疑问句的构成视提问的部分而定，具体情况见下表：

提问部分	陈述句	第一种提问方式	第二和/或第三种提问方式
主语	Personne : ***Pascal*** *arrive.*	***Qui*** *arrive ?*	***Qui est-ce qui*** *arrive ?*
	Chose : ***Les magasins*** *ouvrent.*		***Qu'est-ce qui*** *ouvre ?*
谓语	*Elles* ***jouent au tennis****.*	*Elles font* ***quoi*** *?*	***Qu'est-ce qu'****elles font ?* ***Que*** *font-elles ?*
表语	*Il est* ***grand****.*	*Il est* ***comment*** *?*	***Comment*** *est-il ?*
直接宾语（COD）	Chose : *Ils boivent* ***du café****.*	*Ils boivent* ***quoi*** *?*	***Qu'est-ce qu'****ils boivent ?* ***Que*** *boivent-ils ?*
	Personne : *Il regarde* ***Julie****.*	*Il regarde* ***qui*** *?*	***Qui est-ce qu'****il regarde ?* ***Qui*** *regarde-t-il ?*
间接宾语（COI）	*Elle parle* ***à Pascal****.*	*Elle parle* ***à qui*** *?*	***À qui est-ce qu'****elle parle ?* ***À qui*** *parle-t-elle ?*
数量词	*Il y en a vingt.*	*Il y en a* ***combien*** *?*	***Combien est-ce qu'****il y en a ?* ***Combien*** *y en a-t-il ?*
钟点	*Il est* ***dix heures****.*	*Il est* ***quelle heure*** *?*	***Quelle heure*** *est-il ?*
年龄	*Elle a* ***23 ans****.*	*Elle a* ***quel âge*** *?*	***Quel âge*** *a-t-elle ?*
价格	*Ça coûte* ***3 euros****.*	*Ça coûte* ***combien*** *?*	***Combien est-ce que*** *ça coûte ?*

提问部分	陈述句	第一种提问方式	第二和/或第三种提问方式
时间	*Ils partent* ***dans huit jours****.*	*Ils partent* ***quand*** *?*	***Quand est-ce qu'****ils partent ?* ***Quand*** *partent-ils ?*
	Il y reste ***huit jours****.*	*Il y reste* ***combien de temps*** *?*	***Combien de temps est-ce qu'****il y reste ?* ***Combien de temps*** *y reste-t-il ?*
地点	*Ils habitent* ***en France****.*	*Ils habitent* ***où*** *?*	***Où est-ce qu'****ils habitent ?* ***Où*** *habitent-ils ?*
方式	*Ils voyagent* ***en avion****.*	*Ils voyagent* ***comment*** *?*	***Comment est-ce qu'****ils voyagent ?* ***Comment*** *voyagent-ils ?*
目的	*Il part* ***pour travailler****.*	*Il part* ***pourquoi*** *?*	***Pourquoi est-ce qu'****il part ?* ***Pourquoi*** *part-il ?*
原因	*Il part parce qu'il* ***est malade****.*		

3. 否定句（phrase négative）

- **对整个句子否定**

用ne...pas或ne...jamais对整个句子否定，如：

Il **ne** fait **pas** les courses. Il **ne** fait **jamais** les courses.

! 如果作直接宾语的名词前有不定冠词或部分冠词，并且否定句表达的是“零数量”（即量上的完全否定），不定冠词或部分冠词需要变为de，如：

Il n'a **pas de** sœur.

Il n'a **pas de** chance.

! 如果否定的不是量，而是名词所表示的事物，则保留不定冠词或部分冠词，如：

Ce n'est pas **un** roman qu'il lit, mais **une** revue.

Ce n'est pas **de la** bière que je veux, mais **de l'**eau.

! 口语中ne经常被省略。

- **对副词否定**

Il arrive **toujours** en retard. → Il **n'**arrive **jamais** en retard.

Il travaille **encore**. → Il **ne** travaille **plus**.

Ils sont **déjà** arrivés. → Ils **ne** sont **pas encore** arrivés.

- **使用泛指代词表达否定**

– Tu entends quelque chose ? – Non, je **n'**entends **rien**. Non, je **n'**ai **rien** entendu.

– Tu vois quelqu'un ? – Non, je **ne** vois **personne**. Je **n'**ai vu **personne**.

- **ne...que 表示限定**

Ne放在变位动词前，que放在被限定成分前，如：

Ce représentant **ne** voyage **que** deux jours par semaine.

4. 感叹句（phrase exclamative）

- **通常只需通过语调来表示感叹，如：**

Ces fleurs sont belles !

- **在陈述句句首加感叹词que，如：**

Que ces fleurs sont belles !

- **使用感叹句型quel +（形容词）+ 名词，如：**

Quelles belles fleurs !

5. 强调句（mise en relief）

对主语强调用c'est...qui，对其他成分强调c'est...que。例如：

C'est ton ami **qui** est venu.

C'est à ton ami **que** je l'ai donné.

C'est pour ça **que** je suis venu.

名词结构

名词前					名词	名词后	
tout(e), tou(te)s	le, la, l', les un, une, des	deux trois	dernier(s), dernière(s) premier(s), première(s)	beau(x) bon(ne)s	jour(s) nouvelle(s)	chaud(e)(s) intéressant(e)(s)	de... qui...
	ce, cet, cette, ces du, de la, de l', des un kilo de, un peu de... quelques, certains...						
	quel, quelle, quels, quelles						

名词结构的各种变化，如阴阳性、单复数变化请参看《走遍法国 学生用书 1上》的第18，38，39及60页的语法讲解。

动词结构

1. 动词种类

- **及物动词（verbes transitifs）**

及物动词后面可以接宾语：

— 直接宾语（COD），如：Il écoute **les nouvelles**.

— 间接宾语（COI），如：Il s'adresse à **ses amis**.

— 直接宾语和间接宾语，如：Il raconte **l'histoire** à **ses amis**.

动词的宾语可以由下列成分充当：

— 名词，如：Il fait ses **valises**.

— 代词，如：Il **la** regarde.

— 动词不定式，如：Il préfère **partir**.

— 从句，如：Il dit **qu'il veut un chien.**

- **不及物动词（verbes intransitifs）**

不及物动词后面不能接任何宾语，如：Il marche.

某些动词具有两种性质：

— 可作不及物动词，如：Il écoute.

— 也可作及物动词，如：Il écoute de la musique.

- **代词式动词（verbes pronominaux）**

由"自反代词＋动词"构成，可以表达：

— 自反意义，如：Il **se** rase. (se = COD)

Il **s'**achète un livre. (se = COI)

— 相互意义，如：Ils **se** parlent tous les matins. (COI = chacun parle à l'autre)

- **无人称动词（verbes impersonnels）**

只用在第三人称代词il的后面，如：

Il pleut, il neige, il fait beau, il faut partir. Il est important d'y penser...

2. 动词的时态与语式

1）直陈式（indicatif）

- **现在时（présent）**

— 正在进行的动作或存在的状态，如：Il **lit** le journal.（他正在读报。）

— 习惯性动作，如：Il **lit** le journal.（他每天都读报。）

— 普遍真理和事实，如：La parole **est** d'argent, mais le silence **est** d'or.

— 命令，如：Tu **pars** tout de suite !

— 将来意义，如：Nous **partons** demain.

- **复合过去时（passé composé）**

— 叙述过去发生的动作，表达完成的意思，如：Ils **ont acheté** une maison.

- **未完成过去时（imparfait）**

— 过去发生事件的背景、环境，如：Ils **mangeaient** quand je suis arrivé.

— 对过去状态的描写，如：Il ne **voulait** pas venir. Il **ne se sentait** pas bien.

— 过去重复性的动作或习惯，如：Elle **faisait** du cheval.（以前她每天早上骑马。）

- **简单将来时（futur simple）**

— 将来可能发生的事情，如：Il **fera** beau demain.

— 预言，如：Les hommes **continueront** de faire des progrès.

— 命令或建议，如：Tu **finiras** ton travail avant de sortir.

2）命令式（impératif）

— 指令和命令，如：**Soigne-toi. Sois** sage !

— 建议，如：**Soyez** attentifs.

— 邀请，如：**Passez** chez nous dimanche vers six heures.

3）虚拟式（subjonctif）

在下列动词后使用虚拟式现在时：

— 表达意愿或祝愿的动词：Je veux qu'il **parte**. Je souhaite qu'il **parte**.

— 表达怀疑的动词：Je ne pense pas qu'elle **puisse** le faire !

— 表达必须、必要的动词： Il faut qu'ils **viennent**.

— 表达激动等情感的动词：J'ai peur qu'elle ne **réussisse** pas.

— 在某些连词短语后：Je lui ai raconté l'histoire pour qu'il **sache** comment ça s'est passé.

! 如果从句主语与主句主语一致，则不使用从句，第二个动词使用不定式，如：Je suis heureux de vous **rencontrer**.

4）不定式（infinitif）

不定式可以：

— 用作名词，如：**Partir**, c'est mourir un peu.

— 用作动词补语，如：Tu préfères **rester** ?

— 用来表示命令，如：**Mettre** l'appareil sous tension. Ne pas **marcher** sur l'herbe.

5）过去分词式（participe passé）

过去分词可以：

— 用作形容词，如：Tu es **fatigué** ?

— 用来构成复合过去时，如：Ils ont **téléphoné**. Ils sont **partis**.

! 用助动词 être 构成复合过去时，过去分词必须与主语配合，如：Elles sont venues.

! 代词式动词，只有当代词为直接宾语时，过去分词才与主语配合，其他情况不配合，如：
Elles se sont reconnues. 但：Elles se sont acheté des robes.

TABLEAUX DE CONJUGAISON

动词变位表

每种动词形式都可分解成词根（radical）和词尾（terminaison）。

TEMPS SIMPLES 简单时态

• 第一组动词 **danser** 等

INFINITIF 不定式	Personnes 人称	Radical 词根	INDICATIF 直陈式 présent 现在时	INDICATIF 直陈式 imparfait 未完成过去时	SUBJONCTIF 虚拟式 présent 现在时	IMPÉRATIF 命令式	PARTICIPES 分词式 présent 现在时	PARTICIPES 分词式 passé 过去时
DANSER	je	dans-	e	ais	e		ant	é
	tu		es	ais	es	e		
	il/elle/on		e	ait	e			
	nous		ons	ions	ions	ons		
	vous		ez	iez	iez	ez		
	ils/elles		ent	aient	ent			

• 第二组动词 **finir** 等

INFINITIF 不定式	Personnes 人称	Radical 词根	INDICATIF 直陈式 présent 现在时	INDICATIF 直陈式 imparfait 未完成过去时	SUBJONCTIF 虚拟式 présent 现在时	IMPÉRATIF 命令式	PARTICIPES 分词式 présent 现在时	PARTICIPES 分词式 passé 过去时
FINIR	je	fin-	is	ais	e		ant	i
	tu		is	ais	es	is		
	il/elle/on		it	ait	e			
	nous	finiss-	ons	ions	ions	ons		
	vous		ez	iez	iez	ez		
	ils/elles		ent	aient	ent			

- 不规则动词**boire**

INFINITIF 不定式	Personnes 人称	Radical 词根	INDICATIF 直陈式 présent 现在时	INDICATIF 直陈式 imparfait 未完成过去时	SUBJONCTIF 虚拟式 présent 现在时	IMPÉRATIF 命令式	PARTICIPES 分词式 présent 现在时	PARTICIPES 分词式 passé 过去时
BOIRE	je tu il/elle/on	boi-	*s* *s* *t*	*ais* *ais* *ait*	*e* *es* *e*	*s*	*ant*	*bu*
	nous vous	buv-	*ons* *ez*	*ions* *iez*	*ions* *iez*	*ons* *ez*		
	ils/elles	boiv -	*ent*	*aient*	*ent*			

- 未完成过去时以直陈式现在时第一人称复数的词根为基础，如：

nous finiss-ons → *je finiss-ais*

nous buv-ons → *je buv-ais*

! *vous êtes* → *j'étais*

- 虚拟式以直陈式现在时第三人称复数的词根为基础，如：

ils finiss-ent → *que je finiss-e*

ils boiv-ent → *que je boiv-e*

如果直陈式现在时第一和第二人称复数的词根与第三人称复数的词根不同，虚拟式则以这两种词根为基础，如：

ils boiv-ent → *que je boiv-e*

nous buv-ons → *que nous buv-ions*

AUTRES VERBES 其他动词

INFINITIF 不定式	INDICATIF 直陈式				SUBJONCTIF 虚拟式	IMPÉRATIF 命令式
	Présent 现在时	Passé composé 复合过去时	Imparfait 未完成过去时	Futur 简单将来时	Présent 现在时	Présent 现在时
Être (auxiliaire)	je suis tu es il/elle est nous sommes vous êtes ils/elles sont	j'ai été tu as été il/elle a été nous avons été vous avez été ils/elles ont été	j'étais tu étais il/elle était nous étions vous étiez ils/elles étaient	je serai tu seras il/elle sera nous serons vous serez ils/elles seront	que je sois que tu sois qu'il/elle soit que nous soyons que vous soyez qu'ils/elles soient	sois soyons soyez
Avoir (auxiliaire)	j'ai tu as il/elle a nous avons vous avez ils/elles ont	j'ai eu tu as eu il/elle a eu nous avons eu vous avez eu ils/elles ont eu	j'avais tu avais il/elle avait nous avions vous aviez ils/elles avaient	j'aurai tu auras il/elle aura nous aurons vous aurez ils/elles auront	que j'aie que tu aies qu'il/elle ait que nous ayons que vous ayez qu'ils/elles aient	aie ayons ayez
Aller	je vais tu vas il/elle va nous allons vous allez ils/elles vont	je suis allé(e) tu es allé(e) il/elle est allé(e) nous sommes allé(e)s vous êtes allé(e)(s) ils/elles sont allé(e)s	j'allais tu allais il/elle allait nous allions vous alliez ils/elles allaient	j'irai tu iras il/elle ira nous irons vous irez ils/elles iront	que j'aille que tu ailles qu'il/elle aille que nous allions que vous alliez qu'ils/elles aillent	va allons allez
S'asseoir	je m'assieds tu t'assieds il/elle s'assied nous nous asseyons vous vous asseyez ils/elles s'asseyent	je me suis assis(e) tu t'es assis(e) il/elle s'est assis(e) nous nous sommes assis(es) vous vous êtes assis(e)(s) ils/elles se sont assis(es)	je m'asseyais tu t'asseyais il/elle s'asseyait nous nous asseyions vous vous asseyiez ils/elles s'asseyaient	je m'assiérai tu t'assiéras il/elle s'assiéra nous nous assiérons vous vous assiérez ils/elles s'assiéront	que je m'asseye que tu t'asseyes qu'il/elle s'asseye que nous nous asseyions que vous vous asseyiez qu'ils/elles s'asseyent	assieds-toi asseyons-nous asseyez-vous
Boire	je bois tu bois il/elle boit nous buvons vous buvez ils/elles boivent	j'ai bu tu as bu il/elle a bu nous avons bu vous avez bu ils/elles ont bu	je buvais tu buvais il/elle buvait nous buvions vous buviez ils/elles buvaient	je boirai tu boiras il/elle boira nous boirons vous boirez ils/elles boiront	que je boive que tu boives qu'il/elle boive que nous buvions que vous buviez qu'ils/elles boivent	bois buvons buvez
Chanter	je chante tu chantes il/elle chante nous chantons vous chantez ils/elles chantent	j'ai chanté tu as chanté il/elle a chanté nous avons chanté vous avez chanté ils/elles ont chanté	je chantais tu chantais il/elle chantait nous chantions vous chantiez ils/elles chantaient	je chanterai tu chanteras il/elle chantera nous chanterons vous chanterez ils/elles chanteront	que je chante que tu chantes qu'il/elle chante que nous chantions que vous chantiez qu'ils/elles chantent	chante chantons chantez
Choisir	je choisis tu choisis il/elle choisit nous choisissons vous choisissez ils/elles choisissent	j'ai choisi tu as choisi il/elle a choisi nous avons choisi vous avez choisi ils/elles ont choisi	je choisissais tu choisissais il/elle choisissait nous choisissions vous choisissiez ils/elles choisissaient	je choisirai tu choisiras il/elle choisira nous choisirons vous choisirez ils/elles choisiront	que je choisisse que tu choisisses qu'il/elle choisisse que nous choisissions que vous choisissiez qu'ils/elles choisissent	choisis choisissons choisissez
Connaître	je connais tu connais il/elle connaît nous connaissons vous connaissez ils/elles connaissent	j'ai connu tu as connu il/elle a connu nous avons connu vous avez connu ils/elles ont connu	je connaissais tu connaissais il/elle connaissait nous connaissions vous connaissiez ils/elles connaissaient	je connaîtrai tu connaîtras il/elle connaîtra nous connaîtrons vous connaîtrez ils/elles connaîtront	que je connaisse que tu connaisses qu'il/elle connaisse que nous connaissions que vous connaissiez qu'ils/elles connaissent	connais connaissons connaissez

INFINITIF 不定式	INDICATIF 直陈式				SUBJONCTIF 虚拟式	IMPÉRATIF 命令式
	Présent 现在时	Passé composé 复合过去时	Imparfait 未完成过去时	Futur 简单将来时	Présent 现在时	Présent 现在时
Croire	je crois tu crois il/elle croit nous croyons vous croyez ils/elles croient	j'ai cru tu as cru il/elle a cru nous avons cru vous avez cru ils/elles ont cru	je croyais tu croyais il/elle croyait nous croyions vous croyiez ils/elles croyaient	je croirai tu croiras il/elle croira nous croirons vous croirez ils/elles croiront	que je croie que tu croies qu'il/elle croie que nous croyions que vous croyiez qu'ils/elles croient	crois croyons croyez
Devoir	je dois tu dois il/elle doit nous devons vous devez ils/elles doivent	j'ai dû tu as dû il/elle a dû nous avons dû vous avez dû ils/elles ont dû	je devais tu devais il/elle devait nous devions vous deviez ils/elles devaient	je devrai tu devras il/elle devra nous devrons vous devrez ils/elles devront	que je doive que tu doives qu'il/elle doive que nous devions que vous deviez qu'ils/elles doivent	不存在
Dire	je dis tu dis il/elle dit nous disons vous dites ils/elles disent	j'ai dit tu as dit il/elle a dit nous avons dit vous avez dit ils/elles ont dit	je disais tu disais il/elle disait nous disions vous disiez ils/elles disaient	je dirai tu diras il/elle dira nous dirons vous direz ils/elles diront	que je dise que tu dises qu'il/elle dise que nous disions que vous disiez qu'ils/elles disent	dis disons dites
Écrire	j'écris tu écris il/elle écrit nous écrivons vous écrivez ils/elles écrivent	j'ai écrit tu as écrit il/elle a écrit nous avons écrit vous avez écrit ils/elles ont écrit	j'écrivais tu écrivais il/elle écrivait nous écrivions vous écriviez ils/elles écrivaient	j'écrirai tu écriras il/elle écrira nous écrirons vous écrirez ils/elles écriront	que j'écrive que tu écrives qu'il/elle écrive que nous écrivions que vous écriviez qu'ils/elles écrivent	écris écrivons écrivez
Faire	je fais tu fais il/elle fait nous faisons vous faites ils/elles font	j'ai fait tu as fait il/elle a fait nous avons fait vous avez fait ils/elles ont fait	je faisais tu faisais il/elle faisait nous faisions vous faisiez ils/elles faisaient	je ferai tu feras il/elle fera nous ferons vous ferez ils/elles feront	que je fasse que tu fasses qu'il/elle fasse que nous fassions que vous fassiez qu'ils/elles fassent	fais faisons faites
Falloir	il faut	il a fallu	il fallait	il faudra	qu'il faille	不存在
Mettre	je mets tu mets il/elle met nous mettons vous mettez ils/elles mettent	j'ai mis tu as mis il/elle a mis nous avons mis vous avez mis ils/elles ont mis	je mettais tu mettais il/elle mettait nous mettions vous mettiez ils/elles mettaient	je mettrai tu mettras il/elle mettra nous mettrons vous mettrez ils/elles mettront	que je mette que tu mettes qu'il/elle mette que nous mettions que vous mettiez qu'ils/elles mettent	mets mettons mettez
Partir	je pars tu pars il/elle part nous partons vous partez ils/elles partent	je suis parti(e) tu es parti(e) il/elle est parti(e) nous sommes parti(e)s vous êtes parti(e)(s) ils/elles sont parti(e)s	je partais tu partais il/elle partait nous partions vous partiez ils/elles partaient	je partirai tu partiras il/elle partira nous partirons vous partirez ils/elles partiront	que je parte que tu partes qu'il/elle parte que nous partions que vous partiez qu'ils/elles partent	pars partons partez
Plaire	je plais tu plais il/elle plaît nous plaisons vous plaisez ils/elles plaisent	j'ai plu tu as plu il/elle a plu nous avons plu vous avez plu ils/elles ont plu	je plaisais tu plaisais il/elle plaisait nous plaisions vous plaisiez ils/elles plaisaient	je plairai tu plairas il/elle plaira nous plairons vous plairez ils/elles plairont	que je plaise que tu plaises qu'il/elle plaise que nous plaisions que vous plaisiez qu'ils/elles plaisent	plais plaisons plaisez

INFINITIF 不定式	INDICATIF 直陈式				SUBJONCTIF 虚拟式	IMPÉRATIF 命令式
	Présent 现在时	Passé composé 复合过去时	Imparfait 未完成过去时	Futur 简单将来时	Présent 现在时	Présent 现在时
Pleuvoir	il pleut	il a plu	il pleuvait	il pleuvra	qu'il pleuve	不存在
Pouvoir	je peux tu peux il/elle peut nous pouvons vous pouvez ils/elles peuvent	j'ai pu tu as pu il/elle a pu nous avons pu vous avez pu ils/elles ont pu	je pouvais tu pouvais il/elle pouvait nous pouvions vous pouviez ils/elles pouvaient	je pourrai tu pourras il/elle pourra nous pourrons vous pourrez ils/elles pourront	que je puisse que tu puisses qu'il/elle puisse que nous puissions que vous puissiez qu'ils/elles puissent	不存在
Prendre	je prends tu prends il/elle prend nous prenons vous prenez ils/elles prennent	j'ai pris tu as pris il/elle a pris nous avons pris vous avez pris ils/elles ont pris	je prenais tu prenais il/elle prenait nous prenions vous preniez ils/elles prenaient	je prendrai tu prendras il/elle prendra nous prendrons vous prendrez ils/elles prendront	que je prenne que tu prennes qu'il/elle prenne que nous prenions que vous preniez qu'ils/elles prennent	prends prenons prenez
Savoir	je sais tu sais il/elle sait nous savons vous savez ils/elles savent	j'ai su tu as su il/elle a su nous avons su vous avez su ils/elles ont su	je savais tu savais il/elle savait nous savions vous saviez ils/elles savaient	je saurai tu sauras il/elle saura nous saurons vous saurez ils/elles sauront	que je sache que tu saches qu'il/elle sache que nous sachions que vous sachiez qu'ils/elles sachent	sache sachons sachez
Suivre	je suis tu suis il/elle suit nous suivons vous suivez ils/elles suivent	j'ai suivi tu as suivi il/elle a suivi nous avons suivi vous avez suivi ils/elles ont suivi	je suivais tu suivais il/elle suivait nous suivions vous suiviez ils/elles suivaient	je suivrai tu suivras il/elle suivra nous suivrons vous suivrez ils/elles suivront	que je suive que tu suives qu'il/elle suive que nous suivions que vous suiviez qu'ils/elles suivent	suis suivons suivez
Venir	je viens tu viens il/elle vient nous venons vous venez ils/elles viennent	je suis venu(e) tu es venu(e) il/elle est venu(e) nous sommes venu(e)s vous êtes venu(e)(s) ils/elles sont venu(e)s	je venais tu venais il/elle venait nous venions vous veniez ils/elles venaient	je viendrai tu viendras il/elle viendra nous viendrons vous viendrez ils/elles viendront	que je vienne que tu viennes qu'il/elle vienne que nous venions que vous veniez qu'ils/elles viennent	viens venons venez
Voir	je vois tu vois il/elle voit nous voyons vous voyez ils/elles voient	j'ai vu tu as vu il/elle a vu nous avons vu vous avez vu ils/elles ont vu	je voyais tu voyais il/elle voyait nous voyions vous voyiez ils/elles voyaient	je verrai tu verras il/elle verra nous verrons vous verrez ils/elles verront	que je voie que tu voies qu'il/elle voie que nous voyions que vous voyiez qu'ils/elles voient	vois voyons voyez
Vouloir	je veux tu veux il/elle veut nous voulons vous voulez ils/elles veulent	j'ai voulu tu as voulu il/elle a voulu nous avons voulu vous avez voulu ils/elles ont voulu	je voulais tu voulais il/elle voulait nous voulions vous vouliez ils/elles voulaient	je voudrai tu voudras il/elle voudra nous voudrons vous voudrez ils/elles voudront	que je veuille que tu veuilles qu'il/elle veuille que nous voulions que vous vouliez qu'ils/elles veuillent	veuillez

LEXIQUE

总词汇表

A

à mon avis	*loc.adv.*	在我看来，我认为	(20)
à partir de	*loc.prép.*	从……（时间）开始	(14)
à peine	*loc.adv.*	一点，几乎不	(17)
accéléré, e	*adj.*	加快的	(25)
	n.m.	快动作	
accuser	*v.t.*	指责，控诉，非难	(18)
achat	*n.m.*	购买	(26)
actif, ve	*adj.*	活跃的	(22)
***(s')adresser à**	*v.pr.*	对……讲话	(13)
adulte	*n.*	成年人	(19)
affaires	*n.f.pl.*	（个人的）衣物	(15)
allumé, e	*adj.*	点亮的	(16)
alors	*adv.*	于是，那么	(13)
(s')amuser	*v.pr.*	娱乐，玩耍	(15)
annuler	*v.t.*	取消，废除	(24)
antiquaire	*n.*	古董商	(23)
***apercevoir**	*v.t.*	瞥见，瞧见	(24)
***apparaître**	*v.i.*	出现	(16)
appel	*n.m.*	电话	(21)
***(s')apprêter**	*v.pr.*	（+ à）准备	(17)
***approcher**	*v.t.ind.*	（+ de）向……走近	(23)
après tout	*loc.adv.*	总之，毕竟	(17)
Argentine	*n.pr.f.*	阿根廷	(16)
armoire	*n.f.*	柜子，衣柜	(15)
(s')arranger	*v.pr.*	处理好，顺利解决	(16)
arrière	*adv.*	向后	(17)
arriver	*v.t.ind.*	（+ à）到达	(16)
	v.impers.	发生	(18)
il arrive qch. à qn.		在某人身上发生某事	
art	*n.m.*	艺术	(23)
ascenseur	*n.m.*	电梯，升降机	(15)
assez	*adv.*	足够地	(13)
***assiette**	*n.f.*	盘子	(13)
assurer	*v.t.*	保证	(19)
attirer	*v.t.*	吸引	(22)
attribution	*n.f.*	分配，授予	(16)
au fait	*loc.adv.*	顺便问或说一下，对了，想起来了	(15)
au-dessus de	*loc.prép.*	在……上面	(16)
au moins	*loc.adv.*	至少	(16)
autant	*adv.*	同样多	(20)
avancer	*v.i.*	前进；进步，进展	(20)
avant	*adv.*	先，之前	(24)
avantager	*v.t.*	给予方便，给予好处	(20)
avant-hier	*n.m.*	前天	(26)
avis	*n.m.*	意见，见解	(19)
avoir lieu		举行，发生	(23)

B

balai	*n.m.*	扫帚	(16)
***balle**	*n.f.*	球	(20)
***ballon**	*n.m.*	球	(20)
bas, sse	*adj.*	低的	(19)
***basket**	*n.m.*	篮球	(20)
batterie	*n.f.*	电池	(22)
battre	*v.t.*	打败，战胜	(19)
bébé	*n.m.*	婴儿	(15)
beurre	*n.m.*	黄油	(14)
bifteck	*n.m.*	牛排	(14)
blanquette	*n.f.*	白汁块肉	(14)
bleu, e	*adj.*	极生的，半生不熟的	(13)
(se) bloquer	*v.pr.*	被卡住	(16)
blouson	*n.m.*	夹克衫	(15)
boisson	*n.f.*	饮料	(20)
boîte	*n.f.*	盒子	(21)
Bordeaux	*n.pr.*	波尔多	(23)
boucher, ère	*n.*	肉店老板	(14)
brancher	*v.t.*	接通（电）	(15)
***bras**	*n.m.*	胳膊	(13)
Brésil	*n.pr.m.*	巴西	(21)
***Brésilien, ne**	*n.*	巴西人	(21)
brochure	*n.f.*	小册子	(16)
bruyant, e	*adj.*	嘈杂的	(16)

C

cabine	*n.f.*	小间（试衣间、公用电话间等）	(17)
cadeau	*n.m.*	（*pl.* ~x）礼物	(19)
calme	*n.m.*	安静，平静	(22)
(se) calmer	*v.pr.*	冷静，镇静	(18)
camembert	*n.m.*	卡芒贝尔干酪	(13)
***camion**	*n.m.*	卡车	(17)
camionnette	*n.f.*	小卡车	(14)
carotte	*n.f.*	胡萝卜	(14)
carré	*n.m.*	平方	(16)
mètre carré		平方米	
***carton**	*n.m.*	纸箱，纸板盒	(16)

casier	*n.m.*	格子书架，文件架	(16)
(se) casser	*v.pr.*	摔碎，摔断	(20)
causer	*v.t.*	引起	(24)
ceinture	*n.f.*	腰带，皮带	(19)
cela dit	*loc.adv.*	不过，然而	(25)
certainement	*adv.*	肯定地，一定地	(26)
chaise	*n.f.*	椅子	(16)
champion, ne	*n.*	冠军	(19)
changer	*v.t.*	更换	(13)
charme	*n.m.*	魔力	(17)
chaudière	*n.f.*	锅炉	(15)
chaussure	*n.f.*	鞋	(20)
chef	*n.m.*	头儿，领导	(16)
chemin	*n.m.*	路，道路	(22)
cheveu	*n.m.*	（*pl.* ~x） 头发	(17)
chèvre	*n.f.*	山羊	(14)
	n.m.	山羊奶酪	
choix	*n.m.*	选择	(16)
cinquantaine	*n.f.*	五十个左右	(23)
classe	*n.f.*	班	(19)
clef	*n.f.*	钥匙	(18)
***cœur**	*n.m.*	心，心脏	(26)
de bon cœur	*loc.adv.*	由衷地，乐意地	
coiffure	*n.f.*	发型	(17)
colocataire	*n.*	合租人	(26)
combat	*n.m.*	格斗；战斗	(19)
commande	*n.f.*	点菜单	(13)
	n.f.	订单	(24)
commander	*v.t.*	点（菜、饮料）	(13)
	v.t.	订购，定做	(23)
comme	*prép.*	作为	(13)
	conj.	因为	
commercial, e	*adj.*	商务的，商业的	(22)
commissariat	*n.m.*	警察局	(18)
compris, e	*adj.*	包括在内的	(13)
compter	*v.i.*	算得上，被算进	(20)
concentration	*n.f.*	专心，全神贯注	(20)
confiance	*n.f.*	信任，信心	(21)
consommé, e	*adj.*	被消费的，被吃掉的	(13)
construction	*n.f.*	结构，构造	(19)
contemporain, e	*adj.*	当代的	(23)
***contravention**	*n.f.*	违章记录单	(18)
***convaincu, e**	*adj.*	被说服的	(16)
coordination	*n.f.*	协调	(20)
copain, copine	*n.*	朋友	(24)
corps	*n.m.*	身体	(20)
correspondre	*v.t.ind.*	（+à） 与……对应	(19)
costume	*n.m.*	男式西服套装	(15)
côte	*n.f.*	肋排	(14)
***cou**	*n.m.*	脖子	(24)
coucher	*v.i.*	过夜，宿夜	(18)
couleur	*n.f.*	颜色	(19)
couloir	*n.m.*	走廊	(15)
coup	*n.m.*	一步棋	(20)
	n.m.	一着	(26)
***couper**	*v.t.*	切，割；切断，打断	(18)
couper	*v.t.*	隔离	(22)
courageux, se	*adj.*	有勇气的	(14)
coursier, ère	*n.*	快递员	(15)
court, e	*adj.*	短的	(17)
coûter	*v.i.*	值（多少钱）	(14)
couvert, e	*adj.*	遮盖的	(23)
couvrir	*v.t.*	走完	(20)
crème	*n.f.*	奶油	(14)
critiquer	*v.t.*	批评，指责	(17)
croissant	*n.m.*	牛角面包，羊角面包	(19)
cuit, e	*adj.*	熟的	(13)

D

***d'abord**	*adv.*	首先	(13)
d'ailleurs	*adv.*	况且，此外	(18)
d'autant plus que	*loc.conj.*	更何况	(26)
de bonne heure	*loc.adv.*	一大早	(21)
de l'autre côté de	*loc.prép.*	在……另一边	(16)
de toutes façons	*loc.adv.*	无论如何	(20)
déborder	*v.i.*	溢出；侵入，越过	(18)
décharger	*v.t.*	解除负担；放电，消除电荷	(22)
(se) décommander	*v.pr.*	取消约会	(23)
***découper**	*v.t.*	切，割	(25)
***décrocher**	*v.t.*	摘下（听筒）	(22)
défendre	*v.t.*	（为某人）辩护	(18)
demander	*v.t.*	需要	(20)
(se) demander	*v.pr.*	寻思，思忖	(25)
déménagement	*n.m.*	搬迁	(26)
déménager	*v.i.*	搬家	(15)
	v.t.	搬运（家具等）；搬空	
départ	*n.m.*	离开	(26)
dépasser	*v.t.*	超越	(17)
dépendre	*v.t.ind.*	（+de） 取决于，依……而定	(20)
***déplacer**	*v.t.*	搬动	(16)
(se) déplacer	*v.pr.*	移动；出差，旅行	(26)
dernier, ère	*adj., n.*	最后的（一个）	(17)
dès que	*loc.conj.*	一……就	(24)
***désigner**	*v.t.*	指出	(16)
désordre	*n.m.*	混乱，杂乱无章	(15)
dessert	*n.m.*	餐后点心	(13)
dessus	*adv.*	在上面	(16)
devise	*n.f.*	座右铭，口号	(13)
devoir	*v.t.*	可能，大概，想必	(17)
		应该，必须	(19)

diagonale	*n.f.* 对角线	(20)
difficulté	*n.f.* 困难	(23)
direction	*n.f.* 领导	(21)
discuter	*v.t.* 讨论	(24)
***disparaître**	*v.i.* 消失	(24)
documentation	*n.f.* 资料	(21)
dommage	*n.m.* 遗憾，可惜	(20)
dossier	*n.m.* 材料，文件	(15)
douzaine	*n.f.* 一打，十二个左右	(14)
drame	*n.m.* 悲剧，戏剧	(18)
faire un drame de qch.	< 俗 > 大惊小怪，把事情看得严重	
droit	*n.m.* 权力	(20)
dur, e	*adj.* 艰难的	(22)

E

eau	*n.f.* 水	(13)
échantillon	*n.m.* 样品	(23)
échec et mat	(国际象棋赛中的）将死	(20)
échecs	*n.m.pl.* 国际象棋	(20)
***(s')éloigner**	*v.pr.* 远离	(21)
***empilé, e**	*adj.* 堆积的	(16)
emploi	*n.m.* 使用	(22)
***emporter**	*v.t.* 带走	(17)
en	*loc.prép.* (+ 衣服) 穿	(15)
	prép. (+ temps)（做某事）用……时间	(18)
en avance	*loc.adv.* 提前	(24)
en avant	*loc.adv.* 向前	(20)
endroit	*n.m.* 地点	(16)
(s')énerver	*v.pr.* 恼怒	(22)
en fait	*loc.adv.* 事实上	(18)
en fonction de	*loc.prép.* 根据	(23)
enlever	*v.t.* 脱（衣服）	(18)
en ligne	*loc. adv.* 通话	(21)
en raison de	*loc.prép.* 鉴于	(24)
en semaine	*loc.adv.* 在平时	(18)
***entamé, e**	*adj.* 被切好的	(13)
***(s')entendre**	*v.pr.* (+ avec) 与……相处得好	(13)
en tout	*loc.adv.* 总共	(14)
en tout cas	*loc.adv.* 无论怎样	(24)
entraînement	*n.m.* 训练	(20)
(s')entraîner	*v.pr.* 训练	(20)
entrecôte	*n.f.* (牛)排骨肉	(13)
envie	*n.f.* 欲望，愿望	(19)
environs	*n.m.pl.* 附近	(21)
***en vrac**	*loc.adv.* 散装地，乱七八糟地	(16)
équipe	*n.f.* 团队，组	(13)
erreur	*n.f.* 错误	(16)
espoir	*n.m.* 希望	(13)
essayer	*v.t.* 试穿	(17)
	v.t. （+ de） 力图，试图	(20)
***etc.**	*adv.* 等等（et cetera 或 et cætera的缩写）	(16)
***éteindre**	*v.t.* 关（电灯、电视机、手机等）	(19)
étiquette	*n.f.* 标签	(14)
***étonné, e**	*adj.* 吃惊的	(13)
étranger	*n.m.* 国外	(16)
évidemment	*adv.* 显然	(16)
exact, e	*adj.* 正确的	(23)
exactement	*adv.* 正确地	(19)
excuse	*n.f.* 借口，托词	(20)
explication	*n.f.* 解释	(16)
extra	*adj.* 超乎寻常的	(14)

F

(se) fâcher	*v.pr.* 生气，发怒	(16)
facilement	*adv.* 容易地	(21)
fameux, se	*adj.* (用在名词前）< 俗 > 超棒的	(24)
farine	*n.f.* 面粉	(14)
fatigant, e	*adj.* 累人的，令人疲劳的	(13)
fatigué, e	*adj.* 疲倦的	(14)
(se) fatiguer	*v.pr.* 疲劳，劳累	(20)
faute	*n.f.* 错误	(13)
***fax**	*n.m.* 传真	(16)
fenêtre	*n.f.* 窗户	(16)
fermier, ère	*adj.* 农场的，农庄的（此处指用未消毒的新鲜牛奶制成的奶酪）	(13)
filer	*v.i.* < 俗 > 溜走，逃走	(14)
fin	*n.f.* 终，末	(20)
fond	*n.m.* 底部；深处	(15)
au fond de	*loc.prép.* 在……深处	(15)
fort, e	*adj.* (+ en) 在某方面很优秀	(19)
fou	*n.m.* （国际象棋中的）象	(20)
fournisseur, se	*n.* 供货商	(24)
fourrière	*n.f.* （警察局存放扣押或待领车辆的）存放处	(18)
fromage	*n.m.* 奶酪	(13)
fruit	*n.m.* 水果	(14)

G

gâchis	*n.m.* 浪费	(13)
gagner	*v.t.* 赢得	(19)
galerie	*n.f.* 画廊	(23)
garçon	*n.m.* 服务生	(13)

garder	*v.t.*	照管，照料	
(se) garer	*v.pr.*	（车辆）停放；<俗>停放车辆	(17)
gazeux, se	*adj.*	充气的，含气体的	(13)
genou	*n.m.*	(*pl.* ~x) 膝盖	(20)
gentiment	*adv.*	和蔼地，客气地	(16)
***glace**	*n.f.*	镜子	(17)
grade	*n.m.*	等级，级别	(14)
***grimace**	*n.f.*	鬼脸	(25)
gros, se	*adj.*	大的，巨大的	(24)
gruyère	*n.f.*	格律耶尔干酪	(14)

H

habitude	*n.f.*	习惯	(14)
d'habitude	*loc.adv.*	通常，平常	
haricot	*n.m.*	扁豆，菜豆，四季豆	(14)
haut, e	*adj.*	高的	(19)
hiver	*n.m.*	冬天	(16)
hockey	*n.m.*	曲棍球	(20)
honneur	*n.m.*	尊敬，敬意	(21)
en l'honneur de	*loc.prép.*	向……表示敬意，为庆祝……，为纪念……	
En quel honneur ?		为了什么？	

I

***imperturbable**	*adj.*	镇静的，不受干扰的	(16)
***implantation**	*n.f.*	（企业内建筑物的）布局	(16)
impression	*n.f.*	印象	(25)
avoir l'impression que		(+ *ind.*) 感觉到，仿佛觉得	
imprévu, e	*adj.*	意外的，未预见到的	(21)
(s')inquiéter	*v.pr.*	担心	(13)
insister	*v.i.*	(+ sur) 强调，坚持	(23)
(s')inspirer	*v.pr.*	(+ de) 从……汲取灵感	(23)
installer	*v.t.*	安置，安顿	(23)
institut	*n.m.*	研究所，学院	(21)
intellectuel, le	*adj.*	智力的，用脑力的	(20)
***intendance**	*n.f.*	后勤部门	(16)
intention	*n.f.*	意愿，想法	(24)
***interdiction**	*n.f.*	禁止，制止	(18)
intéressé, e	*adj.*	有所图的，谋求私利的	(19)
***interrompre**	*v.t.*	打断	(22)

J

jaloux, se	*adj.*	嫉妒的	(17)
jaune	*adj.*	黄色的	(21)
jeans	*n.m.*	牛仔服	(15)
jus	*n.m.*	汁	(20)
juste	*adv.*	正好，恰好	(15)

K

kilo	*n.m.*	公斤 (kilogramme的缩写)	(14)
kilomètre	*n.m.*	公里	(24)
***kimono**	*n.m.*	和服	(19)

L

là-dessus	*adv.*	在这上面	(20)
laisser	*v.t.*	离开，丢下	(22)
lampadaire	*n.m.*	落地灯	(16)
lampe	*n.f.*	灯；照明器具	(16)
***largement**	*adv.*	远远，大大地	(20)
leçon	*n.f.*	教训	(14)
légume	*n.m.*	蔬菜	(13)
lessive	*n.f.*	洗衣粉	(22)
lieu	*n.m.*	(*pl.* ~x) 地方，地点	(16)
local	*n.m.*	(*pl.* locaux) 房间，场所	(15)
logique	*adj.*	有逻辑的	(19)
longtemps	*adv.*	长久地，很久	(17)
lumière	*n.f.*	光线	(15)
lycée	*n.m.*	高中	(19)

M

magasin	*n.m.*	商店	(22)
main	*n.f.*	手	(16)
coup de main		帮助，帮忙	
***mal**	*n.m.*	困难	(20)
mal	*n.m.*	坏话，坏处	(25)
malade	*adj.*	生病的	(21)
malin, gne	*n.*	机灵鬼	(14)
manquer	*v.i.*	缺少	(19)
***marchand, e**	*n.*	商人	(14)
marche	*n.f.*	行驶，航行	(17)
	n.f.	散步，走路	(20)
marche arrière		倒车	(17)
marché	*n.m.*	(菜) 市场	(14)
faire le marché		到菜市场买东西	
***marquer**	*v.t.*	射中得分，投篮得分	(20)
marron	*n.m.*	栗子	(19)
	adj.inv.	栗色的	
matinal, e	*adj.*	(*pl.* matinaux)早晨的；早起的	(14)
meilleur, e	*adj.*	更好的 (bon的比较级)	(14)
même	*adv.*	甚至	(20)
mémoire	*n.f.*	记忆力	(17)
menteur, se	*n.*	说谎的人	(25)
menu	*n.m.*	菜单；套餐	(13)
mesdemoiselles	*n.f.pl.*	小姐们	(17)
métier	*n.m.*	职业，工作	(13)

(se) mettre *v.pr.* 置身于，处于 (18)
se mettre à table 入席，坐下吃饭
***meuble** *n.m.* 家具 (16)
milieu *n.m.* (*pl.* ~x) 中间 (22)
au milieu de *loc.prép.* 在……中间
mission *n.f.* 任务 (21)
mode *n.m.* 方式，形式 (22)
mode d'emploi 使用方法
moitié *n.f.* 半，一半 (13)
à moitié *loc.adv.* 一半，部分地
monde *n.m.* 人，人们，众人 (17)
moniteur, trice *n.* 教练员 (17)
monter *v.i.* 升高，晋升 (14)
monter en grade 晋级，升级
v.i. 登上，爬上 (16)
(se) moquer *v.pr.* (+ de) 嘲笑 (26)
***morceau** *n.m.* (*pl.* ~x) 一块 (13)
motif *n.m.* 花样，图案 (23)
moto-neige *n.f.* 摩托雪橇，雪地机动车 (25)
mourrir *v.i.* 死亡 (15)
moyen *n.m.* 方法，手段 (20)
mur *n.m.* 墙 (23)

N

niveau *n.m.* (*pl.* ~x) 水平 (19)
non plus *loc.adv.* 也不 (13)
nostalgie *n.f.* 怀旧，怀念 (25)
nul, le *adj.* 无能的 (19)
numéro *n.m.* 号码 (16)
faire un numéro 拨号

O

obliger *v.t.* 强迫，迫使 (26)
obtenir *v.t.* 获得 (13)
occupé, e *adj.* 忙碌的 (22)
œuf *n.m.* 鸡蛋 (14)
oignon *n.m.* 洋葱 (14)
orange *n.f.* 橙，柑，桔 (19)
n.m., adj.inv. 橙色(的)，橘黄(的)
ordinateur *n.m.* 计算机，电脑 (15)
ordre *n.m.* 命令，指示 (21)
(s')organiser *v.pr.* 组织活动，安排活动 (24)
ouvrir *v.t.* 打开 (21)

P

panier *n.m.* 篮，筐；球篮 (20)
***papier** *n.m.* 纸 (19)
***paquet** *n.m.* 包，盒子 (17)
paraître *v.i.* 好像，显得 (22)
***pare-brise** *n.m.inv.* (车辆前部的)挡风玻璃 (18)
pareil, le *adj.* 同样的，这样的 (20)
parier *v.t.* 打赌 (25)
***parole** *n.f.* 话 (18)
particulier, ère *adj.* 特别的，特殊的 (17)
en particulier *loc.adv.* 特别
partie *n.f.* 部分 (22)
parvis *n.m.* (建筑前的)空地，广场 (21)
pas du tout *loc. adv.* 完全不 (15)
***passage** *n.m.* 经过，通过 (13)
au passage *loc.adv.* 在经过时
passage *n.m.* 通道 (16)
passer *v.t.* 给，传递 (16)
patienter *v.i.* 等待 (21)
patin à roulettes *n.m.* 滚轴溜冰鞋，旱冰鞋 (20)
***pavillon** *n.m.* 独家小楼；楼阁，亭子 (18)
P.-D.G. *n.* 董事长兼总经理，总裁 (15)
(président-directeur général的缩写)
pencher *v.t.* 使倾斜 (20)
période *n.f.* 时期 (23)
permis (de conduire) *n.m.* (驾驶)证 (17)
personnage *n.m.* 人物 (21)
photocopie *n.f.* 复印 (16)
pièce (d'échecs) *n.f.* 棋子 (20)
piéton, ne *n.* 步行者，行人 (17)
pigeon *n.m.* 鸽子；<俗>受骗上当者 (13)
pile *n.f.* 一堆东西 (16)
placard *n.m.* 壁橱 (16)
place *n.f.* 停车位 (17)
plat *n.m.* 一道菜 (13)
plat de côtes *n.m* 牛肋排 (14)
plat, e *adj.* 无气的 (13)
***plateau** *n.m.* (*pl.* ~x) 平板车 (17)
plâtre *n.m.* 石膏 (13)
***plié, e** *adj.* 折叠的 (13)
plier *v.t.* 弯曲，屈 (20)
***plusieurs** *adj.indéf.pl.* 好几个 (13)
plusieurs *pron.indéf.pl.* 几个人 (20)
plutôt *adv.* 宁可，不如 (17)
point *n.m.* 圆点；程度，阶段 (13)
à point *loc.adv.* (烧、煮得)正好，适中
poisson *n.m.* 鱼 (13)
poivre *n.m.* 胡椒 (14)
pomme *n.f.* 苹果 (14)
pomme de terre *n.f.* 土豆 (14)
portable *adj.* 可携带的，手提的 (21)
portable *n.m.* 手机；笔记本电脑 (22)
porter *v.t.* 穿，戴 (17)

possibilité	*n.f.*	可能性	(16)
poste	*n.m.*	职位，工作岗位	(13)
pot-au-feu	*n.m.inv.*	蔬菜牛肉浓汤	(14)
poulet	*n.m.*	雏鸡；鸡肉	(14)
pour	*prép.*	(+ temps) 引出将持续的时间	(18)
pour le moment	*loc.adv.*	目前	(13)
pourboire	*n.m.*	小费	(13)
***pousser**	*v.t.*	发出	(24)
préfet	*n.m.*	行政长官	(24)
près de	*loc.prép.*	在……旁边	(16)
presque	*adv.*	几乎	(19)
***prêt-à-porter**	*n.m.*	成衣时装	(17)
prêter	*v.t.*	借给	(17)
prévenir	*v.t.*	通知，告诉	(19)
prix	*n.m.*	价格	(14)
production	*n.f.*	生产；产品；产物	(14)
***professeur**	*n.*	老师，教师（prof为缩略语，用于口语）	(19)
progrès	*n.m.*	进步	(19)
promotion	*n.f.*	促销	(14)
en promotion	*loc.adj.*	减价，促销	
proposer	*v.t.*	建议	(16)
province	*n.f.*	外省，省份	(23)
provisions	*n.f.pl.*	采购的食品或生活必需品	(14)
puce	*n.f.*	跳蚤	(23)
***puis**	*adv.*	然后	(13)
puisque	*conj.*	既然	(16)

Q

quand même	*loc. adv.*	毕竟 [表示强调、愤慨]	(14)
quantité	*n.f.*	数量	(23)
quelque chose	*pron.indéf.*	某事，某物	(17)
quelquefois	*adv.*	有时	(20)
***quitter**	*v.t.*	离开	(24)

R

raccrocher	*v.t.*	挂断	(21)
râler	*v.i.*	抱怨，发牢骚	(18)
rangement	*n.m.*	整理	(16)
ranger	*v.t.*	整理，收拾	(15)
rappeler	*v.t.*	再打电话	(22)
***(se) rappeler**	*v.pr.*	回忆	(26)
***rater**	*v.t.*	未命中	(20)
rater	*v.t.*	错过	(21)
***réaction**	*n.f.*	反应	(13)
recommencer	*v.t.*	重新做；重复	(15)
record	*n.m.*	记录	(19)
recouvrir	*v.t.*	遮盖	(24)
récupérer	*v.t.*	取回	(18)
	v.t.	恢复(体力)	(20)
rédaction	*n.f.*	写作	(19)
redescendre	*v.i.*	重新下来	(22)
refaire	*v.t.*	重做	(13)
réfléchir	*v.t.*	思考	(17)
réflexe	*n.m.*	反应	(20)
région	*n.f.*	地区，地带	(24)
regretter	*v.t.*	为……感到抱歉	(13)
	v.t.	惋惜，怀念	(25)
rejoindre	*v.t.*	与……会合	(22)
remarquer	*v.t.*	注意，觉察	(18)
***remorqueuse**	*n.f.*	拖引车	(17)
remplacement	*n.m.*	代替，替换	(21)
(se) rendre compte de qch.		意识到	(24)
rénovation	*n.f.*	翻新	(24)
rentrer	*v.i.*	进入	(17)
reparler	*v.i.*	重说	(22)
répartition	*n.f.*	分配	(15)
reprendre	*v.t.*	(中断后)再继续，重新开始	(18)
***(se) ressaisir**	*v.pr.*	恢复镇静	(26)
restaurateur, trice	*n.*	餐馆老板	(14)
rester	*v.i.*	剩下	(16)
résumer	*v.t.*	总结，概括	(16)
***retirer**	*v.t.*	脱掉，取下	(19)
retourner	*v.i.*	回到	(16)
retraite	*n.f.*	退休	(23)
retrouver	*v.t.*	重新找到，找回	(21)
réunion	*n.f.*	会议	(15)
rêve	*n.m.*	梦想	(17)
rez-de-chaussée	*n.m.inv.*	(建筑物的)底层，第一层	(15)
rigoler	*v.i.*	< 俗 > 开玩笑	(13)
risquer	*v.t.*	冒……危险	(17)
robe	*n.f.*	裙子	(17)
roi	*n.m.*	国王，王	(13)
rouleau	*n.m.*	(*pl.* ~x) 卷	(24)
ruine	*n.f.*	破产	(13)

S

salle	*n.f.*	室，厅	(15)
sans	*prép.*	没有，无	(13)
sculpture	*n.f.*	雕塑	(21)
sel	*n.m.*	盐	(14)
(se) sentir	*v.pr.*	觉得，感到	(22)
séparation	*n.f.*	分离，分别	(25)
(se) séparer	*v.pr.*	分离，分开	(23)
***(se) serrer**	*v.pr.*	互相靠紧，互相握紧	(21)
serveur, se	*n.*	服务员	(13)
service	*n.m.*	服务	(19)

***serviette**	*n.f.* 餐巾	(13)
servir	*v.t.* 为(顾客)服务	(14)
(se) servir	*v.pr.* （+ de） 使用	(21)
seul, e	*adj.* 唯一的	(18)
si	*adv.* （+ adj.或adv.）多么，如此	(24)
simple	*adj.* 简单的	(15)
situé, e	*adj.* 位于……的	(16)
socioculturel, le	*adj.* 社会文化的	(25)
sombre	*adj.* 阴暗的	(16)
son	*n.m.* 声音	(19)
sonner	*v.i.* (铃声)响	(22)
***soupir**	*n.m.* 叹气，叹息	(24)
(se) souvenir	*v.pr.* （+ de） 记得	(17)
spécialisé, e	*adj.* 专门的，专业的	(23)
(se) spécialiser	*v.pr.* （+en）专门研究，专攻	(23)
stabile	*n.m.* 固定雕塑	(21)
***stationner**	*v.i.* 停车	(18)
***statue**	*n.f.* 塑像	(21)
strict, e	*adj.* 严肃的，正规的	(17)
studio	*n.m.* 单间公寓	(26)
suffir	*v.t.ind.* （+ à）满足……的需要	(24)
superbe	*adj.* 好极了的，绝妙的	(16)
supplément	*n.m.* 额外部分	(13)

T

***table**	*n.f.* 桌子；餐桌	(13)
être à table	正在吃饭，入席就餐	
taille	*n.f.* 大小，面积	(15)
	n.f. 尺码，大小	(17)
tailleur	*n.m.* 西式裙套装	(17)
téléphone	*n.m.* 电话	(21)
téléphoner	*v.i.* 打电话	(18)
terminer	*v.t.* 结束，完成	(24)
thème	*n.m.* 主题	(23)
***tissu**	*n.m.* 织物，布料	(24)
toilettes	*n.f.pl.* 盥洗室，卫生间，厕所	(16)
toucher	*v.t.* 碰，走(棋子)	(20)
tour	*n.m.* 环绕，环游	(21)
	n.f. 大楼	(22)
tout de suite	*loc. adv.* 立刻，马上	(15)
tout le temps	*loc.adv.* 一直	(13)
traditionnel, le	*adj.* 传统的	(24)
trajet	*n.m.* 路程，行程	(21)
transférer	*v.t.* 转移，迁移	(15)
travaux	*n.m.pl.* 工程	(24)
trentaine	*n.f.* 三十个左右	(14)
triste	*adj.* 难过的，悲伤的	(26)
trouver	*v.t.* 认为	(17)

U

un peu	*loc.adv.* 一点	(14)
unité	*n.f.* 统一(性)，一致(性)	(23)
urbanisme	*n.m.* 城市规划	(21)
urbaniste	*n.* 城市设计师，城市建筑师	(21)
urgent, e	*adj.* 紧急的	(15)

V

vaisselle	*n.f.* 清洗餐具	(13)
veau	*n.m.* （*pl.* ~x） 小牛肉	(14)
vérifier	*v.t.* 核实	(22)
véritable	*adj.* 真正的	(24)
vêtement	*n.m.* 衣服	(17)
viande	*n.f.* 肉	(13)
vide	*adj.* 空的	(15)
vie	*n.f.* 生活	(22)
vingtaine	*n.f.* 二十个左右	(14)
vitamine	*n.f.* 维生素	(20)
(se) voir	*v.pr.* 看得出来，明显	(16)
volant	*n.m.* 方向盘	(26)
vue	*n.f.* 视野	(15)

Z

zone	*n.f.* 地区	(24)

CONTENU DU MP3

MP3录音内容摘要

Dossier 7

01 Épisode 13
02 Vocabulaire
03 Découvrez la grammaire exercice 4
04 Découvrez la grammaire exercice 7
05 Sons et lettres exercice 1
06 Sons et lettres exercice 2
07 Communiquez exercice 2
08 Épisode 14
09 Vocabulaire
10 Découvrez la grammaire exercice 1
11 Sons et lettres exercice 1
12 Sons et lettres exercice 2
13 Communiquez exercice 2

Dossier 8

14 Épisode 15
15 Vocabulaire
16 Découvrez la grammaire exercice 7
17 Sons et lettres exercice 1
18 Sons et lettres exercice 2
19 Communiquez exercice 2
20 Communiquez exercice 3
21 Épisode 16
22 Vocabulaire
23 Découvrez la grammaire exercice 5
24 Sons et lettres exercice 1
25 Sons et lettres exercice 2
26 Communiquez exercice 2
27 Communiquez exercice 3

Dossier 9

28 Épisode 17
29 Vocabulaire
30 Découvrez la grammaire exercice 7
31 Sons et lettres exercice 1
32 Sons et lettres exercice 2
33 Communiquez exercice 2
34 Communiquez exercice 3
35 Épisode 18
36 Vocabulaire
37 Découvrez la grammaire exercice 7
38 Sons et lettres exercice 1
39 Sons et letters exercice 2
40 Sons et letters exercice 3
41 Communiquez exercice 3

Dossier 10

42 Épisode 19
43 Vocabulaire
44 Sons et lettres exercice 1
45 Sons et lettres exercice 2
46 Communiquez exercice 2
47 Épisode 20
48 Vocabulaire
49 Découvrez la grammaire exercice 6
50 Sons et lettres exercice 1
51 Sons et lettres exercice 2
52 Communiquez exercice 2

Dossier 11

53 Épisode 21
54 Vocabulaire
55 Découvrez la grammaire exercice 1
56 Sons et lettres exercice 1
57 Sons et lettres exercice 2
58 Sons et lettres exercice 3
59 Communiquez exercice 2
60 Épisode 22
61 Vocabulaire
62 Sons et lettres exercice 1
63 Sons et lettres exercice 2
64 Communiquez exercice 3

Dossier 12

65 Épisode 23
66 Vocabulaire
67 Découvrez la grammaire exercice 1
68 Sons et lettres exercice 1
69 Sons et lettres exercice 2
70 Communiquez exercice 2
71 Communiquez exercice 3
72 Épisode 24
73 Vocabulaire
74 Communiquez exercice 2
75 Communiquez exercice 3

Épilogue

76 Épisode 25
77 Vocabulaire
78 Épisode 26
79 Vocabulaire

Tests

80 Test 7
81 Test 8
82 Test 9
83 Test 10
84 Test 11
85 Test 12